BECOMING A BOXER

成為拳擊手

素人實戰之路，拳擊小潘的基礎 11 堂課

潘柏丞（拳擊小潘）——著

各界推薦

「現在有越來越多人投入拳擊運動，因為拳擊是鍛鍊體能的方式，也是鍛鍊心理和意志的過程。作者小潘從普通學生到職業拳擊選手，透過不懈的努力與汗水，走過了一段驚人的拳擊旅程。這本《成為拳擊手》不但是技術指導書，更是一位拳擊老手的心聲分享。從最基礎的拳擊架式，到比賽的壓力應對，細節蘊含著他多年的寶貴經驗。你不僅能學習如何出拳、閃避，更能從作者的故事中汲取面對挑戰的勇氣與決心。

對於初學者，書中清楚易懂的技術分解和精心設計的訓練法，將幫助你少走彎路，快速掌握精髓。而對於已有一定基礎的拳擊愛好者，則提供了更多實戰技巧和心態建設，使你提高技術水準，走向更高的競技舞台。

拳擊是一門精細且充滿挑戰的運動，需要強大的體能，以及堅韌不拔的意志力和智慧。假如你渴望成為拳擊手，本書將讓你在這條充滿挑戰的路上走得更遠更穩。讓我們一起打出不同的未來，成為更強的自己。」

——李育昇，「武森健身格鬥」鬼殺隊隊長

「如果你也想透過拳擊運動培養男人該有的野性，這本書是很好的選擇！」

——那個奧客，作家

「現在武術的書籍越來越少了，要好好把握，各位如果對拳擊有興趣可以先讀過再上拳館練習，相信對你會有所幫助。」

——陳宇飛，格鬥解說員

「這本書絕對堪稱非科班拳擊愛好者的秘笈，從基本動作到組合技術、從拳擊技術到踏入賽場前後的心路歷程，適合在拳海中迷茫的你，反覆閱讀與實踐訓練的一本工具書！而且不只拳擊專項，也適合正在學習格鬥、泰拳、踢拳擊等擂台形式的技擊運動的朋友們！」

——鄭坎普，ONE 冠軍賽國際裁判／緯來體育台 UFC 解說

（以上依筆畫排序）

前言

打出人生不同的路

潘柏丞

我國中時，體育老師建議大家每天做九十下仰臥起坐、伏地挺身、徒手深蹲（分成三組做完），這麼累的事當然沒人做，但我照做了，後來頭沒有禿，還開始變得強壯，也體會到了身體的自控感。或許是這個緣故，我到了高中變得開朗許多，變得更加自信，進入正向循環。打拳則是大學的事了。說來有點中二，一開始想學拳是覺得《第一神拳》太帥，以及當時身體比一般人強壯，想知道自己有多強，所以踏上拳擊之路；累積許多實戰經驗之後，想拍片則是起因於《格鬥實況》這部漫畫，我看見主角靠網路從廢物逆襲變強者的老套劇情，才讓我決定要分享知識，幫助其他人逆轉人生。

我想，這種熱血驅使、在不可控之中求取可控的感覺，需要極大的勇氣，從拳擊、運動，乃至於各行各業，這股勇氣都能讓自己不斷向前，並在過程中引發一種成就感。此外，訓練時的痛苦、上場時的巨大壓力、戰勝的喜悅與戰敗的悔恨，也讓我學會在任何情境中都保持冷靜。這些就是拳擊教我最重要的事。

非科班生，我只是個「素人」

十五年前剛打拳擊時，我完全沒料到自己會不斷比賽、跟著國手訓練，一路走來，竟也開始在 YT 上推廣拳擊，收到各路網友的回饋與指教。一方面，我當初根本不知道自己的能耐，加上當時拳擊風氣並不那麼興盛，很難有個遠大的目標，只能憑藉熱血繼續向前。另一方面，我並不是科班出身——只要學生時代認真從事過某項運動的人，都會知道甲組乙組、科班生非科班生的差距，甚至說是「鴻溝」更為恰當。對於拳擊世界，我是知識與資源相對貧乏的，要成為拳擊手？打比賽、跟國手們一起訓練？光想像就很難！

非科班出身，也代表我有自己投入的系所、有自己的職涯想像。所以在人生這條路上，其實我跟大部分人也沒什麼區別——學習、考試、升學，找工作，被期待出社會之後收入穩定。這樣的背景下，我大學時都是趁著課餘時間訓練，從台大跑步去新店的拳館，訓練前先順便練體能；出社會之後，因為在金融業的自營部上班，做的是海外市場操盤，上班時間比較晚，所以我安排上班前訓練，有時自主練習，有時去拳館練習，甚至我還會把年假花在去菲律賓的職業拳館進行特訓。

比賽教我的事

經歷許多大小比賽之後，我在二〇一九年參加了全國性的總統盃，擊敗幾位體專生，拿下第三名，也因此獲得了參加國手選拔的資格。選拔賽中，我又贏了體專生，於是正式入選，在高雄國家訓練中心參加集訓，並代表台灣參加亞錦賽。那是我第一次出國比賽，地點在曼谷。對手是菲律賓選手，實力非常強，我拼了三回合，最終以分數落敗。對方後來拿下銀牌，我當時的感覺是，對手真強！我還有很多努力的空間！

在國訓隊的日子，每天練兩次，週一到週五雙操，週六對打，週日休息。生活很規律，在這段期間，我的體能、技術、力量也進步了非常多，尤其是和一群頂級好手一起對打訓練，不變強都難。這應該是我狀態最好的時候吧！在我人生中，真的是一段既辛苦又幸福的時光。

拳擊這條路當然不是沒有代價。除了備賽的痛苦，身體的傷也沒少過。我在還是個新手時，參加比賽遇到科班生，結果鼻骨被打斷；我也在比賽中被踢到頭，當場斷片，有記憶的時候已經在醫院了（這是綜合格鬥比賽，並非我的專項，所以應該要認真備賽，心態不對就不該參賽）。從一般運動傷害、鼻骨斷掉到腦震盪，都讓我意識到，拳擊不只需要熱血、不只需要勇氣，最重要的是聰明訓練、心態正確，保護好自己的身體，才能走得長久。

在這些經歷中，我開始發現，自己有些訓練方式是正確的，但也有些是錯誤的。其中有些如果早點知道，或許能走得更順遂？也成為了我寫書的契機。

寫給你的拳擊書

這本書是寫給想試試看這門運動的人、剛入門者，以及有幾年拳擊經驗的人。

我開過線上課程，對象跟這本書差不多，是拳擊的新手與中手，其中講了許多拳擊訓練的觀念。但有些需要慢速吸收的知識，我認為透過文字，還是效果比較好的。例如，針對拳手或打法的分析，就很需要文字的表述。

或許是本業是操盤手，我個人很重視效率，寫這本書的時候也抱持著這樣的精神，想讓讀者少走彎路，避免無效訓練。

本書從最基本的架式開始，到移動、基礎拳路、閃躲、組合拳，再到較為進階的實戰技巧，最後到自主訓練、參賽與備賽等，會循序漸進提供你一個可依循的方式，有些適合影片示範的部分，也會在章末附上 QR code 影片。

這些章節包括了我自己的體驗，以及多位教練與夥伴給的珍貴知識與建議。在此也感謝編輯的寫作建議，讓本書得以出版。最後，我要感謝我的家人，一路走來都陪伴著我。

目次

01 關於拳擊

02 拳擊架式

03 腳步移動

c o n t

04 基礎拳路

05 閃躲

06 組合拳

e n t s

07 實戰與反擊技巧

08 跳繩與影子練習

09 沙袋訓練

10 拳擊手的體能訓練

c o n

目次

II 參賽吧！你的拳擊手之路

e n t s

關於拳擊

Chapter 1

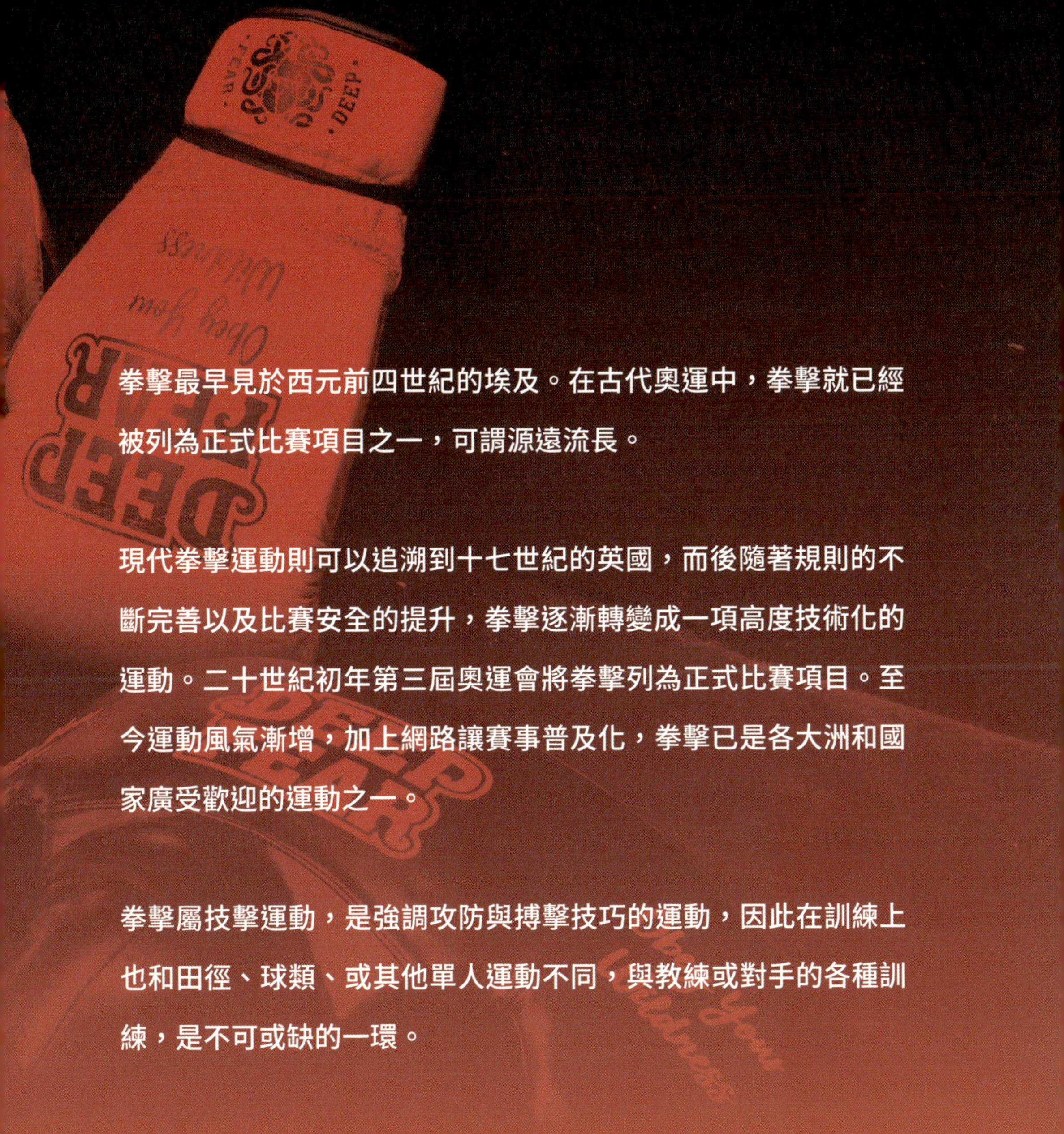

拳擊最早見於西元前四世紀的埃及。在古代奧運中，拳擊就已經被列為正式比賽項目之一，可謂源遠流長。

現代拳擊運動則可以追溯到十七世紀的英國，而後隨著規則的不斷完善以及比賽安全的提升，拳擊逐漸轉變成一項高度技術化的運動。二十世紀初年第三屆奧運會將拳擊列為正式比賽項目。至今運動風氣漸增，加上網路讓賽事普及化，拳擊已是各大洲和國家廣受歡迎的運動之一。

拳擊屬技擊運動，是強調攻防與搏擊技巧的運動，因此在訓練上也和田徑、球類、或其他單人運動不同，與教練或對手的各種訓練，是不可或缺的一環。

武術這麼多，幹嘛學拳擊？

拳擊可以說是任何武術的必修課程，因為幾乎所有武術都會使用雙拳來應戰。在我進行訓練的道館裡，就有著各類武術流派的選手，他們為了讓自己在比賽中的表現更好，而來拳擊道館進行針對性的訓練。

以下依據規則，簡單介紹目前國內常見的武術類型，較方便實戰應用的為拳擊、散打、泰拳、踢拳、綜合格鬥，以及跆拳道、空手道、柔術等：

拳擊
Boxing

參賽者只可用雙拳攻擊對手腰帶以上的部位，主要包括頭部和軀幹。拳擊講求速度、力量、技術和戰略，選手在比賽中需要靈活地移動和防守，以避免被對手擊中。

泰拳
Muay Thai

起源於泰國，是一種極為實用的格鬥技術。選手可用拳頭、腿、膝蓋、手肘攻擊對手，並且可以攻擊對手的腿部。

散　打
Sanda

散打是中國傳統武術的現代競技形式，結合了拳擊、腿法和摔技。

踢　拳
Kickboxing

踢拳是一種融合了拳擊和踢擊技術的格鬥運動。選手可以使用拳擊及踢腿攻擊對手，但不能使用肘擊和膝蓋。

綜合格鬥
MMA

綜合格鬥將各種格鬥技綜合在一起，包括拳擊、泰拳、巴西柔術、摔跤、空手道等。選手在比賽中可以使用打擊技、摔技與地板技。綜合格鬥比賽強調全面的格鬥能力，選手需要具備多種技術，以應對不同的對手和比賽情況。

跆拳道
Taekwondo

跆拳道起源於韓國，是一種以踢技為主的格鬥技術，也是奧運比賽的正式項目。選手可以使用手腳進行攻擊，跆拳道允許攻擊的部位包括身體和頭部，但不可攻擊腰部以下。跆拳道強調腿部的靈活性和力量，踢到不同部位有不同的得分。韓國許多格鬥漫畫和文化作品中都會提到跆拳道。

空手道
Karate

空手道起源於琉球，當地人稱為「唐手」，後改名為「空手道」。選手可使用拳、腳或摔技攻擊對手的頭、胸、腹、背等部位。

柔術 角力

Jujitsu Wrestling

兩者都是古老的競技運動，在世界各國都有不同的形式與發展演變，並交互影響。整體而言，柔術強調平衡、重心和借力使力，角力則強調推擠、力量與壓制。現代武術中較知名的巴西柔術，即起源於日本傳統柔術與柔道，並由巴西的格雷西家族發揚光大。

國 術

Kung Fu

國術為中國武術的總稱，涵蓋範圍非常廣大，包括搏擊、兵器、暗器、戰法，甚至到哲學與保健功法等，各種流派各有特色與精神，在此不贅述。近年常有「傳武到底能不能打？」的論戰，實際上應該以比賽規則、選手的素質與對戰經驗作為主要判斷。

要專精一門武術，從入門到實際應用，通常都會需要很長一段時間。我們學習拳擊，會聚焦在雙拳以及腳步，除了出拳攻擊，還能幫助你建立距離感，大幅縮短從零到熟練實戰的時間，所以我非常推薦大家學習拳擊作為武術的基礎。若對其他武術有興趣，可以再另外學習。

新手必知的拳擊規則

現代拳擊運動有嚴格的規則，目的在確保比賽的公平性和雙方拳擊手的安全，違反這些規則會受到懲罰，如警告、扣分或甚至被判失格。

目前拳擊賽制有兩種，三回合的業餘賽制與至多十二回合的職業賽制，回合數與分鐘數會依各比賽而有調整。基本上，比賽會由兩位選手與教練團、一位主要裁判、多位場邊裁判組成。兩位選手會在方形的拳擊台上進行比賽。

輸贏的判定，主要分為 KO（擊倒）跟 TKO（技術性擊倒，記錄為 RSC）以及分數差，簡單來說，如果其中一方無法比賽、被裁判判定無法比賽，是屬於 KO 或 TKO；或者雙方打完整場比賽，則要藉由分數高低來判定勝負。如果比賽結束，雙分比分為相同，即是平手。

正如前文提到，拳擊是只能使用拳頭做攻擊的運動。在規則中，拳擊只能以拳頭的「正面」進行擊打，而打擊位置只能是腰帶以上的正面位置，而不能攻擊下半身、背部與後腦。

打拳靠蠻力？你所不知道的拳擊

拳擊是一個重視多面向的運動。肌肉大的人不一定會打贏，否則世界拳王全都會是健美選手、健力選手了。力量在拳擊中當然是一個很重要的元素，但在擂台上，舉凡技術、敏捷、經驗，甚至是意志力都是決定勝負的因素。

此外，經驗也是非常重要的。拳擊自然是耗費體力的運動，但比較少人知道的是，許多現役的頂尖拳王都是三十多歲的「老將」。不僅如此，拳擊這項技術本身還可能讓人以小博大。在我的 YT 頻道中，曾經請一位練拳九個月、體重約五十公斤的女生，和另一位無拳擊經驗、體重約七十公斤的男生進行拳擊對打。雖然這位男生的力量遠大於女生對手，但男生在這部影片中被打得很慘，這就是拳擊為女生帶來的優勢！

當然，拳擊是直接用拳頭打人臉部和身體的運動，所以打算參加比賽會有一定的風險。在比賽前必須做好充足的訓練，才能降低受傷的機會。但是如果不參加比賽，也可以把拳擊當成一個塑身的運動，因為拳擊可以在短時間消耗大量消耗熱量，也可以增強你的反應速度，讓你在遇到危險時有自保能力。今天練拳擊環境跟二十年前已經不一樣了，更好上手、更有趣也更安全，已經是很多明星藝人的愛好。

後面將大致講解拳擊的比賽規則以及所需裝備。在你踏上你的拳擊之路、並參與任何拳擊活動之前，當然要確保自己的裝備是否合適，並了解這項運動的規則，才能確保自身的安全。

拳擊的裝備

Boxing Equipment

頭盔

可降低撞傷、皮膚撕裂等風險。職業拳擊賽並不需要戴頭盔，而目前正式的業餘男子組比賽也取消戴頭盔的規定，僅女子組需要戴頭盔。

牙套

用於保護拳擊手的牙齒，在比賽中防止牙齒受到打擊而損傷或脫落。我認識一些朋友，在對打練習時貪圖方便而不戴牙套，結果被打到牙齒就斷了。

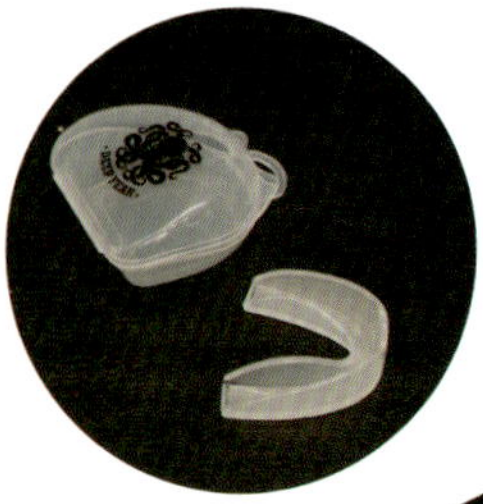

手綁帶

在戴拳擊手套前，拳擊手會先用手綁帶纏繞手掌與手腕。這是為了穩定拳擊手的手部關節，減少手腕扭到的風險。此外，手綁帶也可以吸汗，讓拳套不會那麼臭。

拳擊靴

這種專為拳擊運動設計的鞋子，通常有較薄的鞋底，在擂台上也有較好的抓地力，也因此移動速度、力量傳遞會比厚底的鞋子更有效率，也能提供良好的出拳穩定性。

拳擊衣褲

拳擊短褲最大特點，就在於它具備腰帶——腰帶以上為可打擊部位。裁判通常會以此腰帶判斷打擊是否符合規定。在業餘賽制中，選手規定要穿紅或藍的拳擊背心；而在職業賽制中，男生選手不穿上衣。

護襠

是拳擊手保護下體的重要裝備，分為男用及女用。在激烈對打時，下體很有可能會遭受對手打擊，護襠可以用來減輕下體所受的傷害。

拳擊手套

在拳擊中，選手必須配戴拳擊手套，用手套前端區域攻擊才是有效攻擊。拳套依照保護程度常分為八、十、十二、十四、十六等盎司，各有不同用途，但各家拳套的版型有所不同。另外也分為較圓與較扁的款式，前者常用與練習，後者常用於比賽。

以上簡略介紹拳擊裝備，這些用具不僅僅能大幅降低受傷風險、保護選手安全，還可以增強表現，讓比賽更加精采刺激。比賽時，實際上會依規定來要求裝備。為求公平，比賽的拳套也需要統一，多由主辦單位提供。另外，拳擊的用具還有很多種，如練習用的各式靶具、護具，以及備賽用的脫水裝等。

在接下來的章節中，我們將更深入地探討基本架式、戰術技巧以及在實戰中取得優勢的方法。

拳擊架式

Chapter 2

初學者通常會從「基本架式」開始，這是所有技巧的基礎。隨著更多練習、更多經驗，與更強的技術，你自然會接觸到各種不同的架式，從中探索與選擇，並結合自己的強項來打造你專屬的拳擊風格。

架式不只是個人習慣，也跟你的比賽戰術有關。而且每位拳擊手都會根據戰鬥風格，演化出最適合自己的站姿，也會依照戰術需求進行調整。記住，練習和堅持是拳擊中取得進步的關鍵。嘗試不同的架式，找到最適合自己的，並不斷地完善技巧，你將在拳擊之路上取得更多的成就。

注意：考量到多數人的習慣，本書在拳擊基礎教學的敘述時，將以**正架站位（Orthodox stance）**為主，即右手在後，通常為右撇子使用。採**反架站位（Southpaw stance）**的左撇子讀者請自行鏡像換位。第 2 章到第 8 章的內容都適用於正反站位的基本功訓練，而不論你是哪種站位，都可以依循這些基本功，最後發展出不同打法與風格。

基本架式

Basic Guard

基本架式是所有拳擊動作的基礎。這種穩固的站姿，特點是進可攻、退可守，能幫助你保持平衡、有效出拳並閃避對手攻擊。不管你將來可能採取哪種姿勢，凡新手都建議從基本架式開始。

視線方向

因為拳擊比賽會區分體重量級，所以通常你對手的體型會和你很相似，要想像對手和你一樣高，視線就要對著對手的臉，打擊的目標區域為對手的人中附近。（瞄準位置如右圖所示）在任何的出拳、移動時都要切記看著對手，不要因為出拳的身體慣性而讓頭偏掉了！

前、後手位置

非慣用手稱為前手。前手放在前方，約隔兩到三個拳頭的距離，用於打出刺拳、牽制或干擾對手出拳、也可以用來當作組合拳中的第一拳，或者製造機會打出後手重拳。

慣用手稱為後手。後手一般放置在下巴旁邊，用於保護下巴，而後手肘自然下垂，保護腹部，要避免打得太開而造成防守漏洞（如下圖的紅色區域）。拳擊手的後手是用來打重拳，造成對手重大傷害用的。

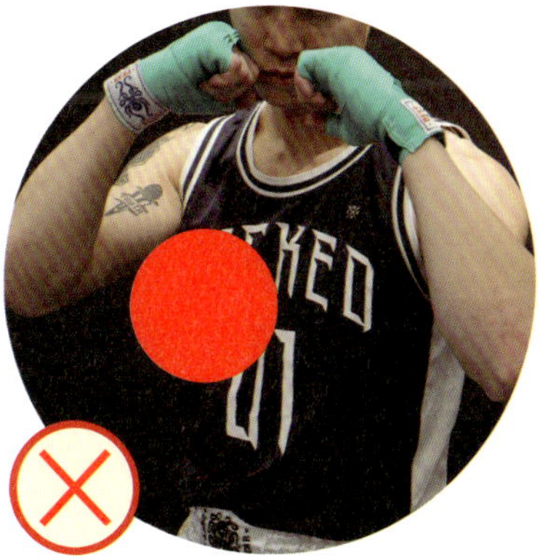

正架站位：左手在前

下巴的保護

下巴收緊可減少腦部震盪。要找到收下巴的感覺並養成習慣，可以配合「下巴夾網球／手綁帶」的訓練（如上圖所示）。若沒養成收緊的習慣，下巴被擊打時腦部的晃動就會很大，容易暈眩，進而被擊倒。有些選手覺得對方的拳頭不重，為了讓比賽更有娛樂性，會故意收好下巴讓對方打，來挑釁對手。像中國武僧一龍的抗揍畫面就風靡全球。

反架站位：右手在前

腳的擺放

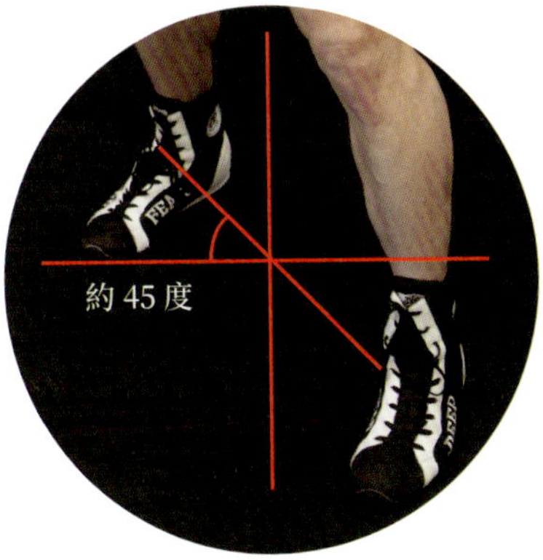

雙腳與肩同寬，或略寬於肩膀，剛開始先設定一條向前的中線，以此作為基準線，使雙腳腳尖與中線夾腳約 45 度（如左圖所示）。站立時，用腳尖著地，慣用手在後，另一側在前，類似於站「三七步」的感覺。注意，雙腿不要僵硬打直，應讓膝蓋放鬆並保持彈性，才能迅速移動和做出反應。

身體重心

將重心放在兩腳之間，保持身體放鬆，以便隨時準備進攻或防守。常見的錯誤為重心太過壓在前腳（如右圖所示），會讓你的攻擊後的後撤，移動變得很遲鈍，容易遭受對手的反擊。

近身型架式
High Guard

近身型架式主要用於與對手進行近距離交戰。知名拳擊漫畫《第一神拳》的幕之內一步，或是邁克．泰森（Mike Tyson）的架式就是近戰型風格。

手部位置

雙手都擋在下巴位置（如上圖所示），鞏固防禦。和基本架式最明顯的差異，就在於連前手都貼到了下巴——這樣一來，前手離對手較遠，因此刺拳也較難擊中對手。但用雙手保護下巴的好處在於，被對手打到時，大部分的衝擊力會被拳套緩衝，大幅降低傷害。

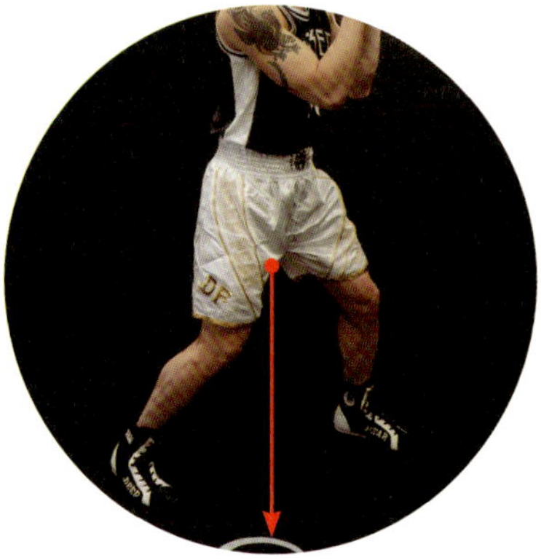

身體重心

與基本架式一樣在兩腳之間，但位置較低（重心變化如上圖所示），這樣被對手打到時，才不容易被打退。重心壓低還有個額外好處，就是站得穩便能快速向前突進，讓自己更有利，並壓迫對手到攻擊範圍。

腳步移動

使用近身型架式時，腳步要多做左右橫移，這樣才有辦法截斷對手的去路，有效逼近對手。常見的錯誤是筆直地跟進對手，這樣一來，很容易跟不上對手，面對擅長遠距離的對手也會被放風箏打法玩弄。

費城殼式

Philly Shell

費城殼式是一種進階版站姿，雖然前手放下，便得臉和對手的拳頭之間少了拳套做阻擋，但視野增加、閃避能力提高，適合有一定實戰經驗且速度快的選手使用。這個站姿非常適合用來進行防守反擊，造成對手龐大的心理壓力。《第一神拳》中的間柴了、無敗績世界拳王佛洛伊德．梅威瑟（Floyd Mayweather）都是費城殼式的代表人物，後者更以其出色的防守技巧而聞名於世。

手部位置

前手放下，手肘呈現 L 型，於腹部周圍擺盪（如右圖所示），腹部會有很好的防禦，對手將很難打到你的腹部，如果對手向你的腹部出拳，很容易用手肘擋掉。而由於對手能攻擊的位置只剩下頭部，你就比較能看清對手的攻擊意圖。

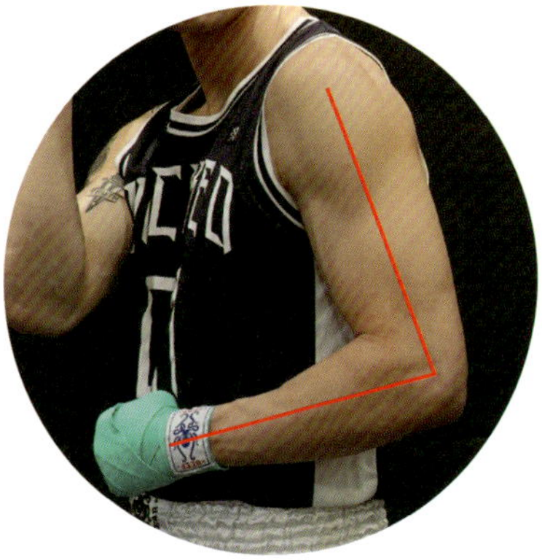

防禦方式

當對手出拳攻擊你的頭部與下巴時，可以藉由「提肩防禦」或「側身閃避」（如下圖所示），讓對方的拳頭打在你的肩膀上，使傷害幾乎降為零。

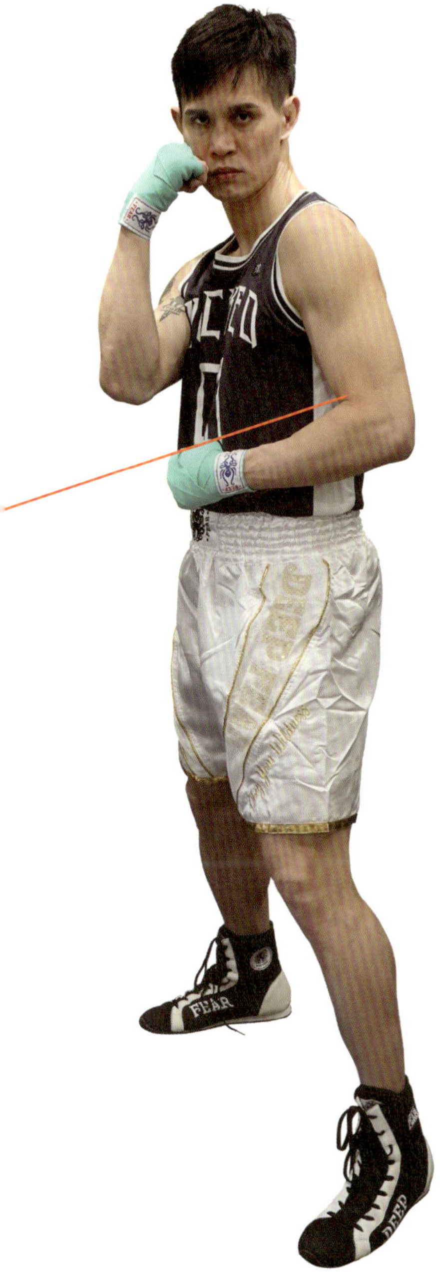

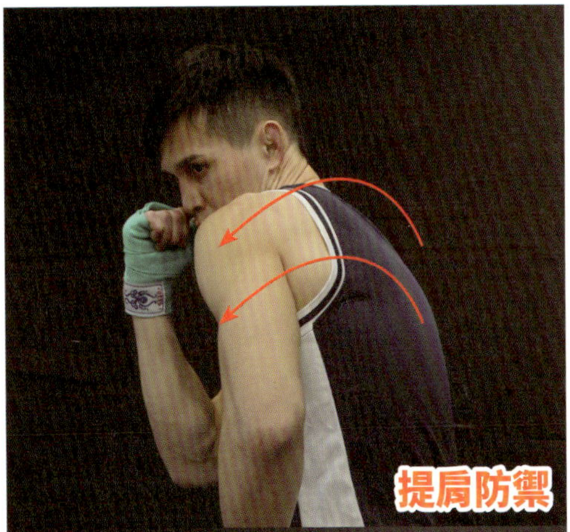

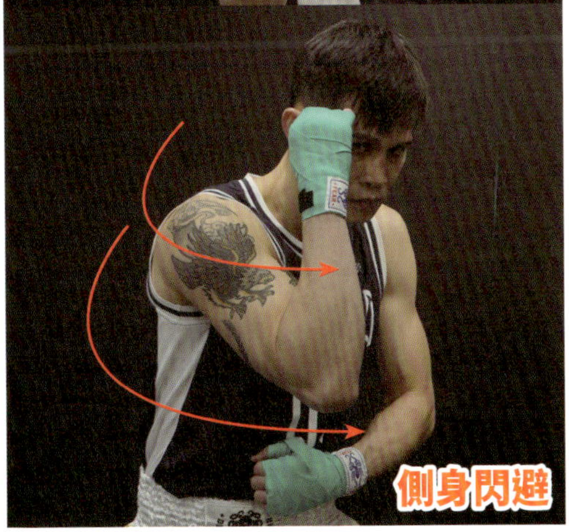

攻擊方式

費城殼式最常見的攻擊方式就是使用「閃擊拳」，將前手當成鞭子一樣，向前甩出（軌跡如下圖所示）。雖然前手因位置較低而攻擊路徑較長，但由於是由下往上，容易造成視野死角，對手往往較難以察覺。有些選手非常不會對付這種拳，偶爾會有意外的效果。

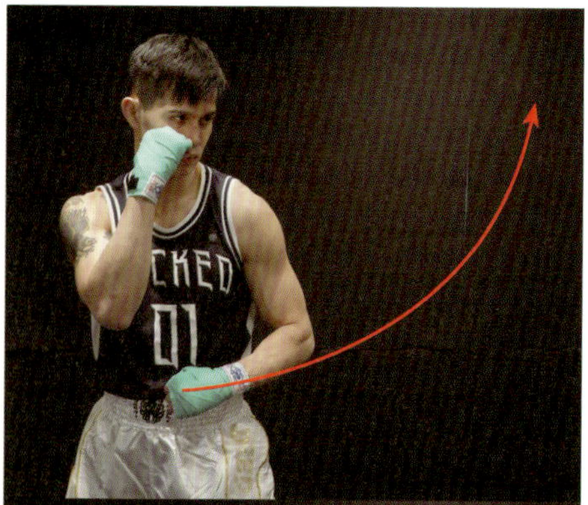

反擊方式

在你提肩防禦、擋掉對手攻擊後，最常見的作法，就是順勢再出後手直拳。尤其提肩、側身的動作，正好形成了後手直拳的緒力狀態，這時打出的後手直拳不但蓄勢待發，威力也很強。

示範影片

第 2 章：三種架式示範影片

1. 基本架式 + 律動

2. 近身型架式 + 律動

3. 費城殼式 + 律動

腳步移動

Chapter 3

腳步移動是一項極為重要的拳擊基本技巧，不僅能幫助你維持良好的姿勢和平衡，還能避免對手攻擊。在場上遇到危險時，運用腳步移動可以擺脫麻煩，甚至找到更好的攻擊角度。在這個章節中，我將循序漸進教會你五種基本的移動：前進、後退、左移、右移，以及轉向。

前進

Step forward

一開始，我們要先站好基本架式（請參考第 2 章）。在基本架式的時候，就可以進行出拳和閃躲。千萬要記住，做完任何動作如移動，出拳、閃躲之後，都要讓姿勢再回到基本架式。隨時確認自己是否有站好基本架式，以下是幾個檢查問題：

- **雙腳之間的距離是否恰當？**
- **後手是否保護好下巴？**
- **前手拳的高度是否平行眼睛？**
- **下巴是否內收？**

假如這些答案都是肯定的，那表示你姿勢正確，如圖 3-1，這時就可以開始練習移動了。練習時，可在中間找一條中線作為輔助，以保持步伐與中線的 45 度夾角。

圖 3-1：移動預備姿勢

拳擊的移動有個基本原則，就是「你要往什麼方向移動，在那個方向的腳就會先移動」。舉例來說，如果你想往前，前腳就應該先動；而如果你想往右移動，那右腳則會先動。

如前所述，前進時會先移動前腳。請從基本架式開始，用後腳腳尖往後蹬，前腳順著向前踏進一步。前腳一著地，後腳就跟進，身體的重心必須保持在兩腳之間。完成上述動作後，兩腳的距離應該與一開始相同，也就是回到基本架式。分解動作如下：

① 後腳往後蹬，前腳向前踏。注意是前腳先動。

② 後腳跟上，回到基本架式。

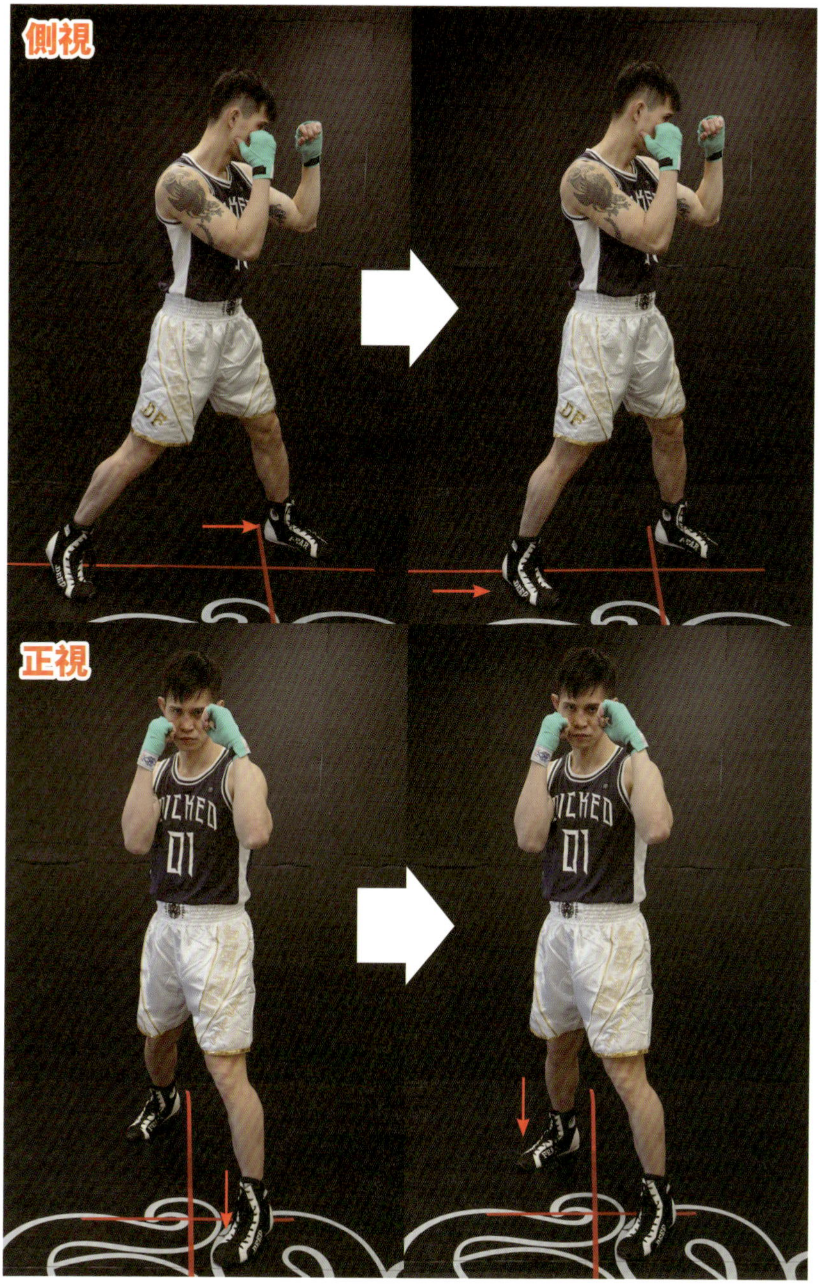

圖 3-2：前進時的腳步與身體角度變化

移動常見錯誤

- 將身體重量集中壓在前腳或是後腳，會讓你的腳步移動變得緩慢。

- 移動時，要避免重心有太大的上下震幅，雙腳盡量平行移動（練習時，可以自己做輔助線）。腳步與腳步之間，要盡量保持原來姿勢和原來的步距，不可併攏。

- 有些新手在向前移動時會先動後腳，這樣的移動會類似跳躍，造成重心突然往上，如果此時被對手打到或是推擠，很容易東倒西歪，或是被擊倒。

後退
Step Back

後退（後撤步）可以讓你遠離對手的攻擊範圍，或者在你攻擊完後拉開距離休息一下。在高階的打法中，選手則會在對手攻擊時後撤，並趁著對方揮空就馬上進行反擊。

後退一樣由基本架式開始。首先以前腳向前蹬地，後腳就會向後退一步，前腳隨即跟進。後退動作結束時，兩腳也要保持原來的距離，回到基本架式。注意，後腳退後多少，前腳也要退後多少。分解動作如下：

①前腳向前蹬地，後腳向後踏。
②後腳跟上，站回基本架式。

記住，不管做什麼動作，都是從基本架式開始，最後再回到基本架式，重心始終維持在雙腳之間。

圖 3-3：後退時的腳步變化

重心放對了嗎？

初學者的練習要點在於，讓重心一直保持在中間，這樣進可攻退可守，讓你能快速做出下個動作。不過，要如何檢查重心的位置是否正確？這邊提供一個小技巧：如果可以馬上蹲下，那表示重心是在雙腳之間，姿勢正確！

左移

Step to the Left

拳擊腳步中的側向移動（左移或右移），可以讓你避開對手的攻擊或找到更好的角度攻擊。分解動作如下：

①後腳蹬地，將身體往左推，前腳順勢向左踏。
②後腳跟上，站回基本架式。

圖 3-4：左移時的腳步變化

右移

Step to the Right

右移的動作和左移相反，但也能讓你避開對手攻擊、並找到攻擊機會。移動時，同樣要穩定上半身、維持手部防守姿勢，才能確保你能隨時做出反應。分解動作如下：

①前腳蹬地，將身體往右推，後腳順著向右踏。
②前腳跟上，站回基本架式。

圖 3-5：右移時的腳步變化

當然，移動並不會只有前後左右四個方向。往其他方向動的時候，要先考慮的是蹬地腳，以正架站位為例，往左／前區域移動時，用後腳蹬地，而往右／後區域移動時，則用前腳蹬地。可參考圖3-6，移動方向與蹬地腳為一樣的顏色。

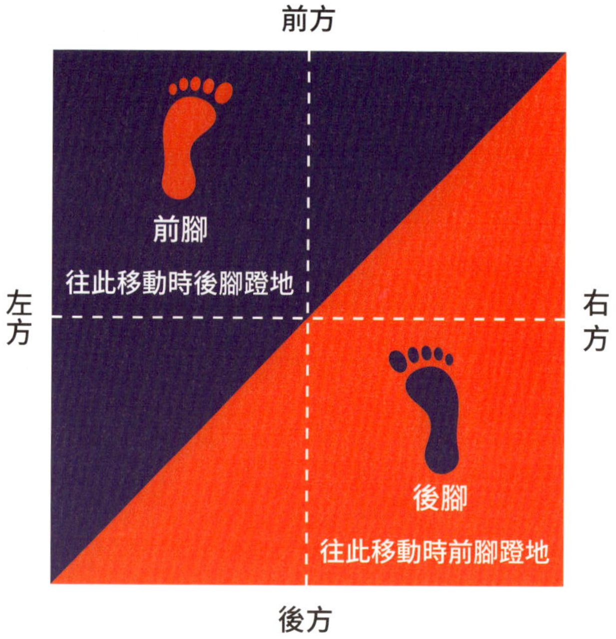

圖 3-6：移動方向與蹬地腳（正架）

轉向
Pivot

練習轉向之前，再幫讀者複習一次重點，第一，別讓重心過度集中在同一隻腳，這會讓你的移動變慢，或是難以出拳。第二，移動時千萬不要有太大的上下震幅。第三，動作開始與結束時都要回到原先的姿勢與步距，兩腳不可併攏。不論是前後左右，只要是腳部移動，初學者常見的錯誤都很類似。

轉向是一個進階的腳步技巧，以腳尖為軸心旋轉，改變自己面對對手的角度。這招就像鬥牛一樣，當對手朝你衝過來，利用轉向巧妙避開。這個狀態下，你還是面對著對手，所以你可以任意打到對手，但對手很難對你出拳，因為他沒有面對你。

此外，轉向還有迴避、遊走的功能。我們在場上對打時，可能會因為對手的壓迫而靠近邊繩或進入角落，這時容易招致連續攻擊。當你發現自己被壓迫，也可以利用轉向來繞出死角，保持安全距離！

我們先從前腳的轉向開始，分解動作如下：

①以前腳腳尖為軸心，向左前方踏的同時，腳步和髖部同步順時針旋轉。

②後腳跟上，轉換角度，站好後回到基本架式。旋轉的角度通常在三十至九十度之間，取決於個人的習慣。

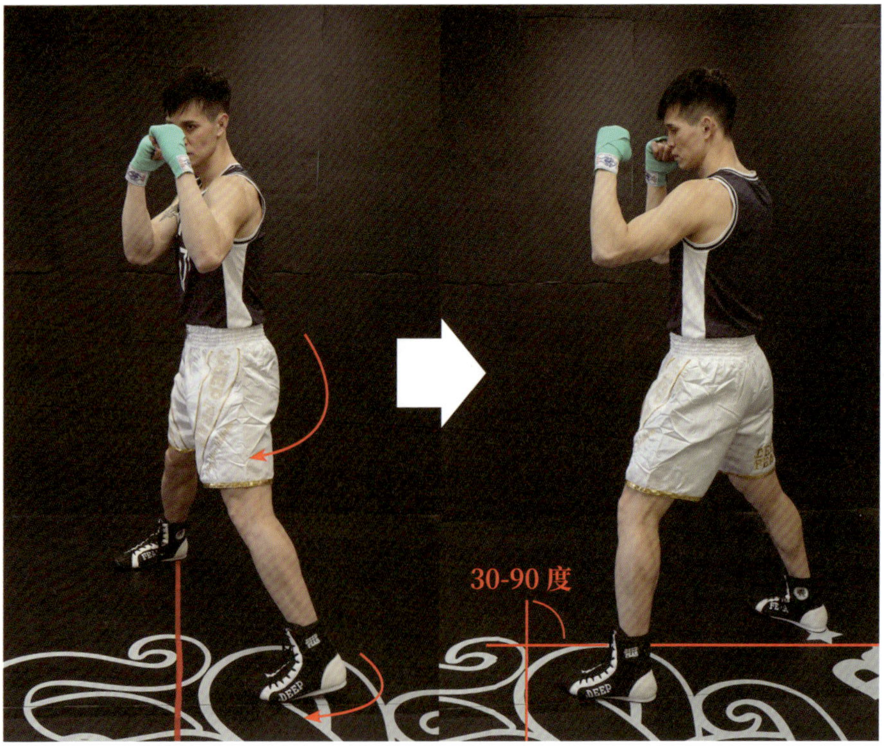

圖 3-7：前腳轉向時的身體角度變化

後腳轉向較不直觀，需要多加練習。分解動作如下：

① 以後腳腳尖為軸心，向右方踏的同時，腳步和髖部同步逆時針旋轉，有人說這種感覺就像是要用腳把香菸踩熄。

② 前腳跟上，轉換角度，站好後回到基本架式。旋轉的角度通常在三十至九十度之間，取決於個人的習慣。

圖 3-8：後腳轉向時的身體角度變化

轉向如果練得精熟，可以搭配鉤拳，即一種稱為「轉向鉤拳」（Check Hook）的高階技巧，讓你在攻擊的同時切入完美的角度，將於第 4 章的鉤拳部分詳細說明。

本章所介紹的基本移動技巧，都需要不斷地練習，以便在實戰中運用自如。記住，拳擊是一門綜合性的運動項目，腳步移動是打好基礎的關鍵之一，我們在練習上要專注於姿勢和平衡，並結合使用其他拳擊技巧，這樣才能成為更出色的拳擊手。

示範影片

第 3 章：腳步移動示範影片

1. 前進、後退、左移、右移連續動作

2. 轉向（前腳）

3. 轉向（後腳）

基礎拳路

Chapter 4

各家武術博大精深，但想打好拳擊的基礎，只需要學好這六種基本拳。其中，發力方式與細節可能會有個人或流派的差異，卻不會影響我們將這六種拳精煉再結合，最終，就能在擂台上打出千變萬化的組合拳……

刺拳
Jab

在拳擊術語中，前手直拳又稱為「刺拳」。

刺拳是拳擊中最常出現的拳路，具有很多優點，像是：

- 動作小所以不容易被反擊
- 能讓你做好距離控制，也能讓你逼近對手或拉開距離
- 用以做出假動作來欺騙對手
- 用來加入組合拳，做出連續打擊

能帶來這麼多優勢的刺拳，能不練嗎？

要打好刺拳，要先站好基本架式（對，任何動作都是以基本架式為基礎）。以前腳腳尖為旋轉軸，同時轉動髖部＋腿部，並將前手拳推送出去。在出拳的整個過程中，你的後手會一直緊貼、保護下巴，千萬不要離開。如果後手掉下來，你的防守就會出現大空檔，如圖 4-1。出拳完畢之後，前手沿著相同的路徑，以前拳＋髖部＋腿部轉動，回到基本架式。

圖 4-1：後手疏於防守的空檔

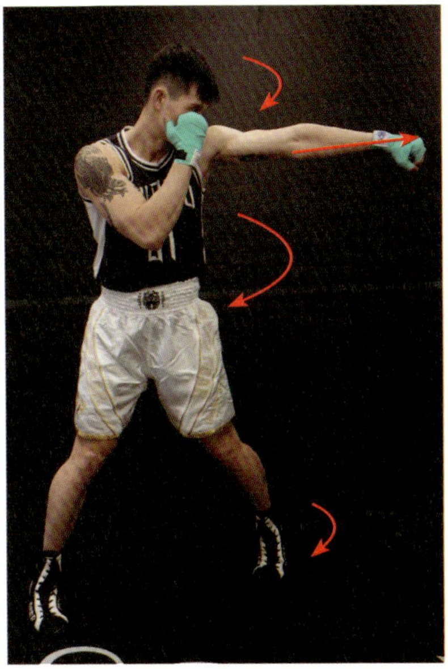

圖 4-2：刺拳完成姿勢

刺拳分解動作如下：

①基本姿勢。

②以前腳腳尖為旋轉軸，同時轉動前手拳＋髖部＋腿部（髖拳腿發力如圖 4-2 紅線示意）。注意後手保護下巴。

③沿著相同路徑，站回基本架式。

在上述的出拳過程中，有個十分常見的錯誤。有人為了讓刺拳的力量更強，會將前手先縮回再打出去，俗稱「集氣」。這樣力量確實比較大，但「拉回」的動作會讓對方看出你的攻擊意圖，而提早進行防禦。

刺拳這項拳擊中的關鍵技能，不僅可以用於攻擊對手，還可以幫助你在比賽中保持防禦，並建立更複雜的進攻組合。它是拳擊手必須精通的技術。說了刺拳這麼多的優點，它最大的缺點就是威力不足，比較難單靠它就 KO 對手，因此接下來要教各位的是一個破壞力十足的拳路——後手直拳！

正確的握拳和打擊點

用拇指扣住四隻手指頭，不是四隻手指頭扣住拇指喔！

握住以後，手腕要稍微用力內扣，讓手背與前臂保持直線（如小圖所示），避免擊中對手或是沙袋時彎曲，傷到手腕。正確的打擊點位置在食指和中指的拳骨。

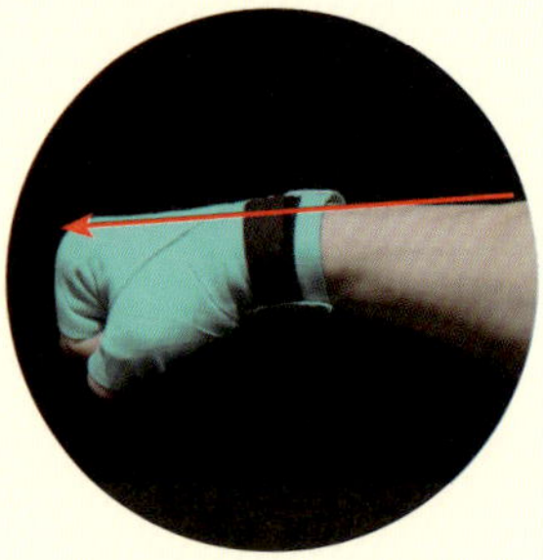

後手直拳

Cross

後手直拳由於早期日本翻譯的緣故，臺灣拳擊圈的許多教練習慣稱為「賴斗」（Right）。

相比於刺拳，後手直拳的破壞力更強，因為後手是慣用手，而且放在後側，便能利用全身轉動的力量，灌注在拳頭之上。這也是一般新手能夠快速上手的拳種，但缺點是攻擊的拳頭路徑較長，如果只打出單顆的後手直拳，對方很容易就會看穿，並做出閃躲、反擊。

要打出後手直拳，先站好基本架式。以後腳腳尖為軸心，你要感受到髖部發力，髖拳腿同步旋轉。在出拳的同時，前手會向順勢後拉，拉至下巴位置，用來保護下巴。

圖 4-3：出後手直拳時，前手沒防好下巴會造成大空檔

要注意，不管是什麼動作，你的雙手一定會有一隻手在保護下巴，千萬不要出完拳，另一隻手就掉下來，以免增加被擊倒的風險！後手直拳分解動作如下：

圖 4-4：後手直拳完成姿勢

①基本架式。

②後腳腳尖為旋轉軸，同時轉動髖部＋腿部＋後手拳。後手以直線路徑打出去，出拳同時前手拉回保護下巴。

③依照最短路徑，站回基本架式。

和前手直拳一樣，許多人急於用慣用手痛打對手，造成後手直拳更容易發生「集氣」的狀況。但在此要告訴各位讀者一個重要觀念，就是打不到人的拳頭，再重也沒有用！威力中等的拳頭，多累積幾拳，也能帶來可觀的傷害，所以我認為命中率比力量更重要。要注意別集氣，用最短距離把後手打在對方臉上。有些教練還會提示選手，用射飛鏢的感覺，將後手直接向前「射」出。

肩膀的位置

要注意，後手直拳完全出完後，後手一側肩膀的位置會比另一側肩膀更往前（如右圖所示）。在基本姿勢時，前手一側在前，而出完後手直拳，後手一側會轉出身體中心，左肩則順勢拉回身體中心之後。

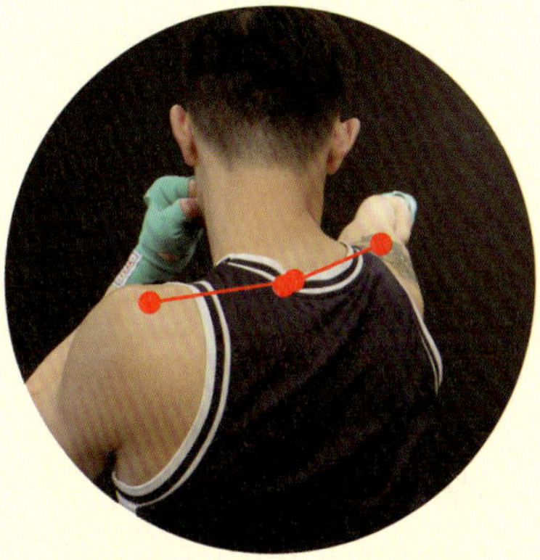

出拳時的呼吸

就是出拳時記得吐氣，強迫自己呼吸；收拳時則自然吸氣。很多新手第一次比賽太緊張，都忘了出拳吐氣，讓呼吸變的很混亂，導致缺氧沒力的現象！建議使用鼻子吐氣，但冬天練拳記得先擤鼻涕，避免噴出來。

前手鉤拳
Hook

鉤拳被臺灣許多教練稱為「戶股」，一樣是早期的日語翻譯所致。

鉤拳是比較進階的拳路。一般來說，新手進入拳館訓練，會先專注於直拳好幾個月，等到熟悉直拳的動作與距離之後，才會逐漸加入鉤拳的練習。為何會這麼晚才練？主要原因是鉤拳的發力較難感受，而且動作容易變形，所以具備一定的基礎再練，長遠來看發展會更好。

前手鉤拳（Lead Hook）是我認為破壞力最強、也最容易從別人防守漏洞打進去的鉤拳，練它的 CP 值非常高！我超愛的一位選手——前世界拳王諾尼托．多納爾（Nonito Donaire）就是前手鉤拳的專家，請務必抽空看他的比賽影片，保證看完就想練！

要出前手鉤拳，一樣先站好基本架式。感受髖部發力，以前腳腳尖為軸心，手肘維持 L 型，拳頭與手肘原先是垂直朝上，會在腳尖旋轉的過程漸漸變成水平。拳頭到達中線時，即停止動作。（請見圖 4-5）。

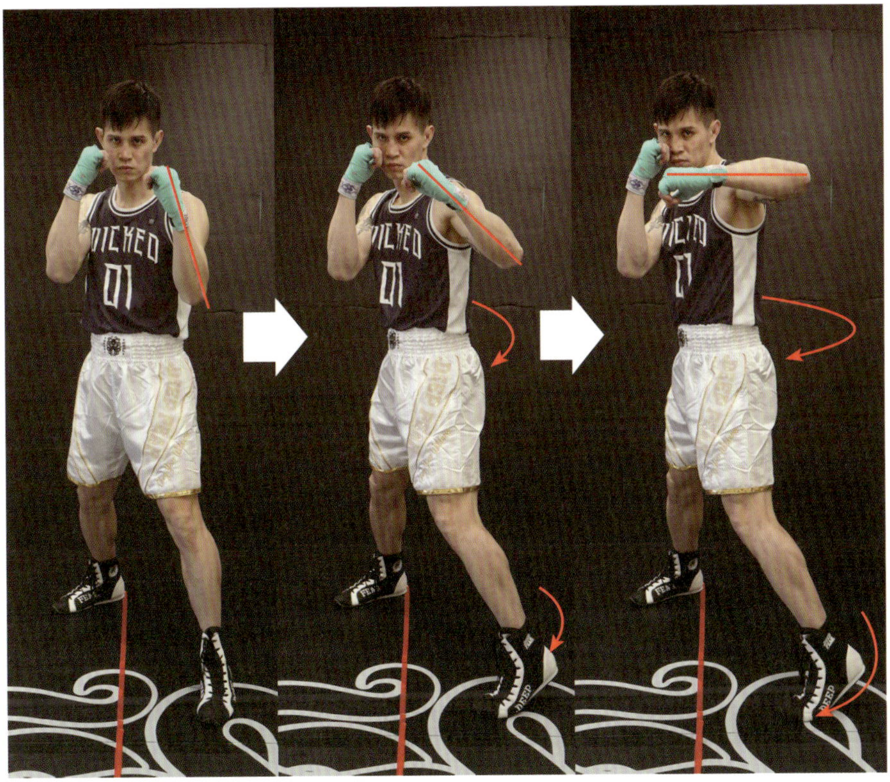

圖 4-5：出前手鉤拳時，小臂的角度變化

將小臂角度變化加上轉體的發力，就能打出前手鉤拳。分解動作如下：

① 基本架式。

② 前腳腳尖為旋轉軸，一定要感受到髖部發力，同時轉動髖部＋腿部＋前拳。手肘維持 L 型，將拳頭方向由朝著上方，在旋轉過程轉至朝著後手一側。出拳的同時，後手要一直保護下巴。

③ 用最短的路徑，直接拉回基本架式。

圖 4-6：前手鉤拳完成姿勢

鉤子的形狀

鉤拳為什麼叫鉤拳？因為它發動時，就像是用 L 型的鉤子，而且這個鉤子的形狀會維持不變。所以我們在打鉤拳時，手臂的力量僅僅是用來維持鉤子的形狀。真正出力的，在於髖部。務必感受髖部的旋轉，將鉤子灌到對手的身上。

進階技巧：前手轉向鉤拳

上一章提到，腳步轉向搭配前手鉤拳，就會變成進階技巧「轉向鉤拳」（Check Hook），分為前手與後手兩種。我認為轉向前手鉤拳的實用性較高，做起來也比較順，建議初學者從前手開始。

對手持續壓迫讓你到角落時，你可以利用轉向的技巧繞出。如果不靠轉向，被壓迫時就只能不斷後退——這樣會移動較長距離，而不斷移動會讓比賽打起來很累。轉向可以讓你保留體力，轉向鉤拳則可以讓你在攻擊時拉開距離。五十場職業賽全勝的前世界拳王梅威瑟，就是用這一招的大師。

實際操作時，你可以想像自己是鬥牛士，對手一朝你衝過來便轉向並出拳。成功旋轉之後，你會仍然會面向對手，對手卻不是面對你，所以你就有機會再進行一波攻擊！分解動作如下：

①基本架式。

②前腳向斜前方踏、同時出前手鉤拳。以腳尖為軸心，前腳和髖部同步順時針旋轉，踏到地板上時前手鉤拳擊中目標。（圖 4-7 左）

③後腳跟上，轉換角度，以最小路徑拉回到基本架式。旋轉的角度通常在 30 度左右，依照個人的習慣而定。

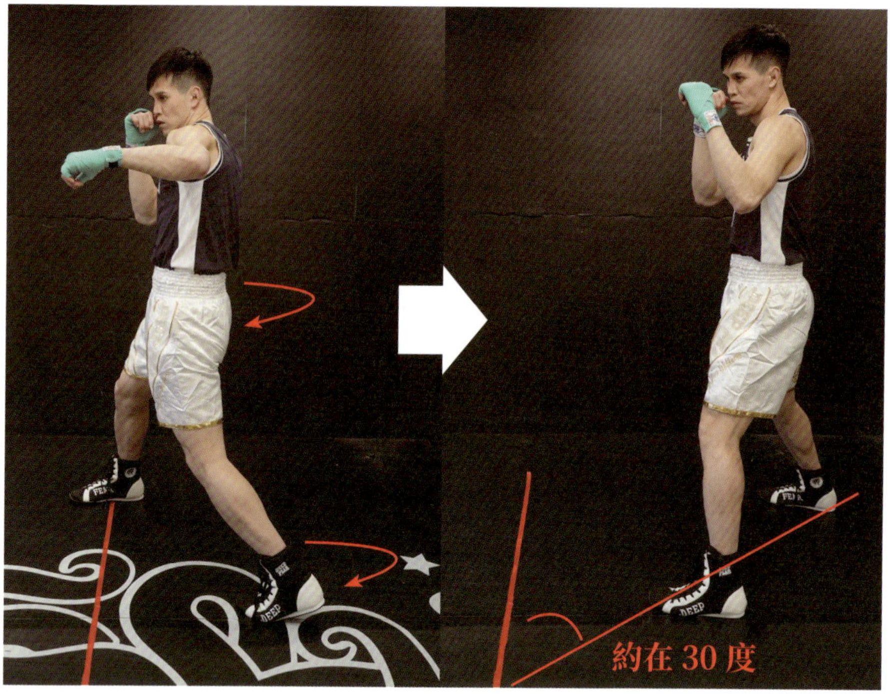

圖 4-7：前手轉向鉤拳完成後的角度變化

建議左撇子拳擊手一定要練這招，這是天生的優勢。有些左撇子拳擊大師，像是特倫斯．克勞福德（Terence Crawford），就非常擅於用這一招打入右撇子的左側，用鉤拳鑽進對手的視野死角。

圖 4-8：左撇子的前手鉤拳，打入右撇子的防禦死角

後撤反擊的前手轉向鉤拳

這招除了可以向斜前方走，也可以在後撤反擊時使用。先退後腳，然後在前腳拉回時，並同時出鉤拳，便能打出後撤反擊的效果。

後手鉤拳
Rear Hook

後手鉤拳屬於近距離攻擊的技術，如果單純打後手鉤拳，會比較難打到對手。我帶學生比賽時，如果他賽事經驗不多，我會禁止他使用後手鉤拳，因為距離遠時不容易擊中對手。一般來說，後手鉤拳在近身戰時較能發揮效益，否則需納入組合拳，拉近距離之後再有效攻擊對手。

上面的描述看起來實在是不太好用，不但攻擊距離短，也不容易擊中對手，但為什麼要練？因為威力很強、而且動作容易上手，在打近身戰時是不可或缺的拳種！新手最容易上手的就是慣用手的直拳和鉤拳。

要打後手鉤拳，先站好基本架式，後腳腳尖為軸心，髖部旋轉發力，帶動腿部和拳頭。髖拳腿同步旋轉，後手肘維持 L 型，拳頭的位置則從下巴順勢轉至中線位置，到達中線後停止。後手的角度變化如圖 4-9。

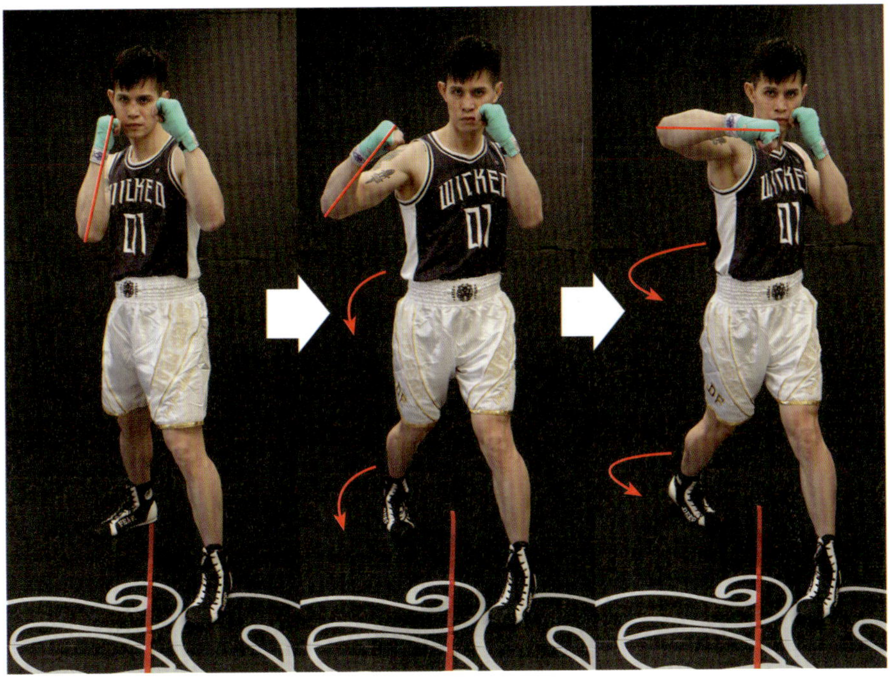

圖 4-9：出後手鉤拳時，身體與小臂的角度變化

注意：後手轉至中線的過程中，要將前手逐漸拉回至下巴位置，目的是保護下巴。要避免雙手都沒有保護下巴的危險情況！分解動作如下：

圖 4-10：後手鉤拳完成姿勢

①基本架式。

②後腳腳尖為旋轉軸，感受髖部發力，同時轉動髖部＋腿部＋後拳。後手手肘維持L型，拳頭原本貼著下巴，順勢轉動出去，轉至中線停止。出拳過程中，前手要逐漸拉回。出拳完畢後，前手剛好緊貼下巴。可以想像自己L型的右手是一把大斧頭，用身體的力量將斧頭砍進對手身體裡。

③用最短路徑，將動作拉回基本架式。

正如前文說明，為了增加命中率，可以使用組合拳，而通常會搭配刺拳。先藉由刺拳向前拉近距離，第二顆的後手鉤拳就能在較近的距離擊中對手。假如已經在近身戰的距離，雙方短兵相接，則可以用前手撥掉對方的防禦，再用後手鉤拳直接攻擊對手的頭！

進階技巧：後手轉向鉤拳

雖然我比較推薦前手鉤拳搭配轉向，但若你已經練熟，則可以練練後手的版本。分解動作如下：

①後腳腳尖為旋轉軸，向右後方踏出，踏後腳的時候同時出右鉤拳，順勢轉動出去，轉至中線停止。出拳過程中，前手要逐漸拉回，當你出拳完畢後，前手剛好貼至下巴。

②用最短路徑，拉回基本架式。此時你就已經轉向到了對手的左方，可以對他進行第二波攻擊。

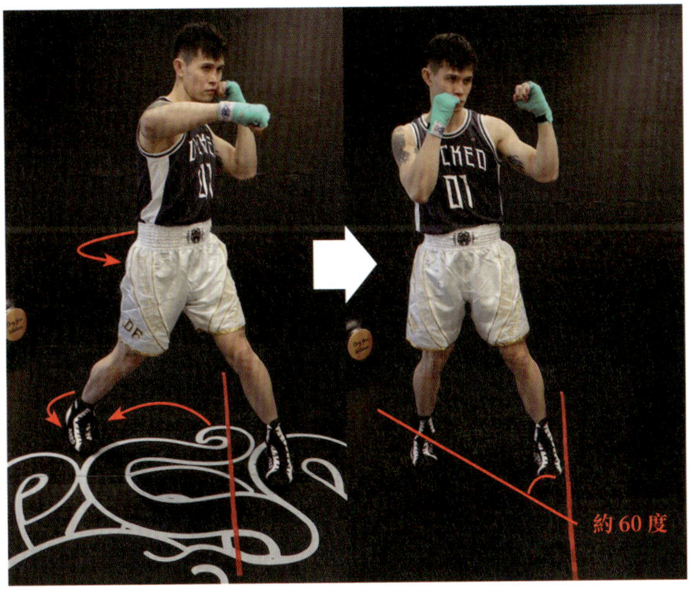

圖 4-11：後手轉向鉤拳完成後的角度變化

前手上鉤拳

Lead uppercut

上鉤拳在臺灣也稱為「阿霸」，同樣是早期翻譯所致。

前手上鉤拳（Lead uppercut）是一種進階技術，用於攻擊頭部較少見，在比賽或實戰中出現的頻率不高，但偶爾使用卻能造成很大的傷害，因此用前手上鉤拳打頭可以當作你的輔助拳種；用於攻擊腹部則是相當常見，也有人稱之為肝臟拳！打擊肝臟，能夠讓對手的體力快速下滑，雖然打肝臟會讓你冒著被打頭的風險，但我覺得以長期投資的角度，打擊肝臟消耗對手的體力，非常划算。以下是打擊腹部的分解動作：

①將髖部微微左轉，同時前手放下，拳頭朝前。

②髖部發力，前腳腳尖為轉軸，將拳頭向前送出去，目標是對手的肝臟，擊中目標。（圖 4-12 右）

③沿著最短路徑回到基本架式。

要注意，前手送出去時，要記得讓後手保護好下巴，避免被對手的另一側鉤拳完全擊中。

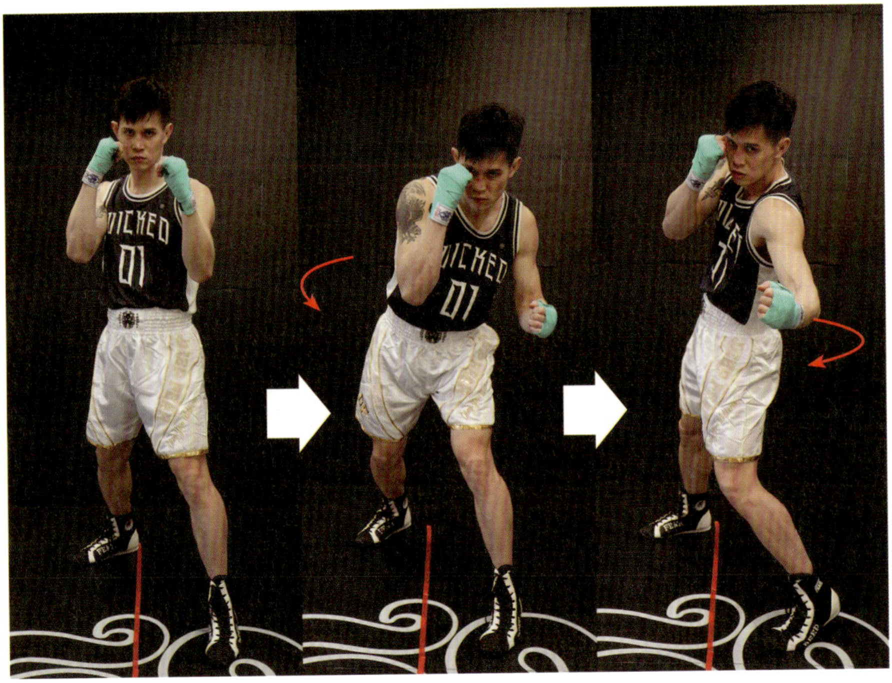

圖 4-12：前手上鉤拳（下段）的髖部與側身變化

以右撇子來說，肝臟拳的使用時機除了主動打出，也可以在向左閃躲掉對方右直拳後，直接插對手肝臟，不只破壞力強，更是帥！

圖 4-13：前手上鉤拳的肝臟攻擊

肝臟攻擊的可怕

肝臟在身體右側的肋骨下緣，假如雙方都是正架站位，最容易打到肝臟的就是左鉤拳。肝臟拳為什麼可怕？因為會刺激到迷走神經，導致血壓快速下降，還會擠壓到橫膈膜，使呼吸困難。肝臟拳不但會帶來劇痛，也會讓體力快速下滑。

一個人就算抗打再強，如果在沒有防禦時吃到一記完美的肝臟拳，都很容易受不了跪下。有些人說，被打頭可以忍，但被打肝臟真的忍不住。

後手上鉤拳

Rear uppercut

後手上鉤拳通常會在近身戰時搭配組合拳使用，這是因為它的攻擊距離較短，比較難在沒搭配組合拳的狀況下擊中對手。後手上鉤拳也可以用來欺敵，設下陷阱，像是在近身戰時，第一拳假裝用上鉤拳打頭，但真正的目的在於用第二拳挖肝臟。藉由上鉤拳來轉移對手注意力，便能做出一系列有效攻擊。後手上鉤拳的分解動作如下：

① 感受到髖部及後腳蹬地發力，將後拳朝對方下巴送出，同時前手拉回保護自己的下巴。

② 沿著最短距離回到基本架式。

圖 4-14：後手上鉤拳（上段）的出拳完成姿勢

單顆的上鉤拳較少在比賽中看到，通常需要配合前置動作，以邁克・泰森為例，他堪稱完美的後手上鉤拳就是搭配了組合拳（請參考第 6 章的〈世界拳擊高手組合拳詳解〉）。

上鉤拳還有個推薦用法：抓喜歡「下潛閃躲」的對手。如果觀察到對手習慣蹲下來閃躲，那你可以先打刺拳，騙他下潛閃躲，這時再出上鉤拳，就剛好可以撈到他下潛的頭。這也是《第一神拳》角色間柴了的招牌技。

由於角度關係，被上鉤拳打到會非常不舒服，就算只有輕輕碰到，頭也很容易往上噴。也因此，**上鉤拳的重點不是力量，而是準確度。**上鉤拳攻擊範圍比較近，已經比較難命中了，所以切記動作要小而精簡。

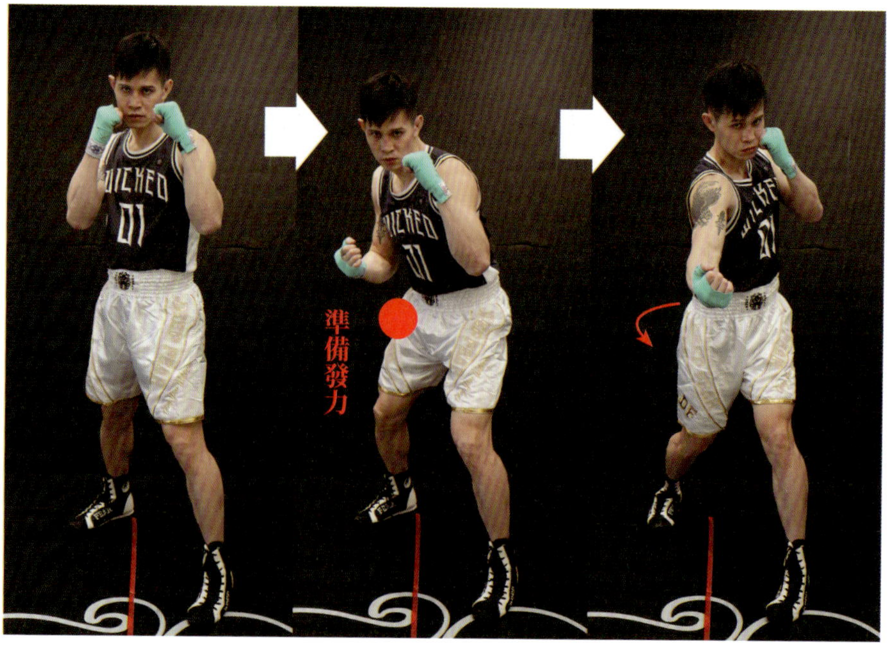

圖 4-15：前手上鉤拳（下段）的髖部與側身變化

距離感是出拳的靈魂

學會了本章介紹的六種拳路，接著必須探索自己最適合的攻擊距離。離目標太近沒辦法施力，太遠則打不到──每個人都有最佳攻擊距離，在這個距離下，你的破壞力最強，出拳動作也最順。以下是直拳、鉤拳、上鉤拳三類拳路的攻擊距離：

直　拳

最有威力的攻擊距離，是你後手一側的身體完全轉出去、拳頭伸直（但關節不鎖死）的時候。你在此的攻擊距離最遠，威力也最強，因為拳頭速度越快，破壞力越強。所以在練習空拳（詳見第 8 章影子練習部分）時，要習慣瞄準你的想像對手的下巴，並將每一拳打直，不要只揮出一半。必須動作完整，拳頭才能完全加速。

鉤　拳

比直拳的距離短，想用鉤拳發動攻擊，必須向前踏一大步才能打中對手。所以將鉤拳搭配組合拳，或用作閃躲──反擊，才是比較好的攻擊時機。對手為了攻擊會靠近，成功閃躲就能抓準距離出前手鉤拳反擊。

上鉤拳 攻擊距離較短，難度高於前兩者。例如，使出前手上鉤拳之前，會有轉髖的動作，對手一旦察覺很容易直接閃掉。因此上鉤拳很少單顆攻擊，大多也會配在組合拳裡，或者是閃躲—反擊。世界拳王格爾沃塔・戴維斯（Gervonta Davis）就以閃躲—上鉤拳反擊的擊倒而聞名於世。

掌握了出拳時的距離，那對打時要跟對手離得多遠？經驗豐富的選手之間流傳著一種說法：「要控制在你打得到對手、但對手打不到你的距離。」我認為這比較適用於遠距離選手，他們因為攻擊距離長，才有辦法保持在這種微妙的距離，恰巧能出拳能打中對手，卻讓對手打不到。

然而，如果你的臂展、攻擊距離都和對手相同，甚至小於對手呢？我建議要先保持在雙方都打不到對方的距離，決定要進攻再向前踏一步或跳進去，瞬間縮短距離，打出組合拳。

兩種打擊位置

拳擊運動規定只能打正面、腰部以上的部分，有效打擊區域是頭部和身體。以下分別介紹：

頭　部
額頭
最堅硬的部分，對方有收下巴的話，攻擊力度會大幅減弱
人中
上下皆可造成傷害，是建議瞄準的區域
下巴
對脊椎力矩最大，容易造成腦震盪

圖 4-16：頭部攻擊位置

下巴是頭部最大的弱點。不論是被直拳正面攻擊，或是鉤拳由側面削到，受力之後腦袋會大幅震盪，造成腦部很大的衝擊。有時候，看似輕輕擦過下巴的攻擊也能擊倒對手，這是因為槓桿原理，下巴受力導致腦部急速震盪。

我習慣瞄準人中的位置打。因為對方一定會閃躲移動，所以你不一定能打的很準。如果瞄準人中，打到鼻子會讓對方很不舒服，可能會流鼻血，甚至鼻樑斷掉；打到下巴則可能讓對手暈眩，甚至擊倒。

別打額頭，因為額頭非常堅硬，有種說法表示額頭可承受高達五百五十公斤的壓力！（雖然被這種力度打到不太可能會沒事，但這種傳言，表現了額頭的堅硬程度。）就算被直拳正面打中額頭，在有收緊下顎的狀態下，加上額頭的堅硬度，脖子的肌肉力量便能吸收衝擊力，不致造成太大損傷。

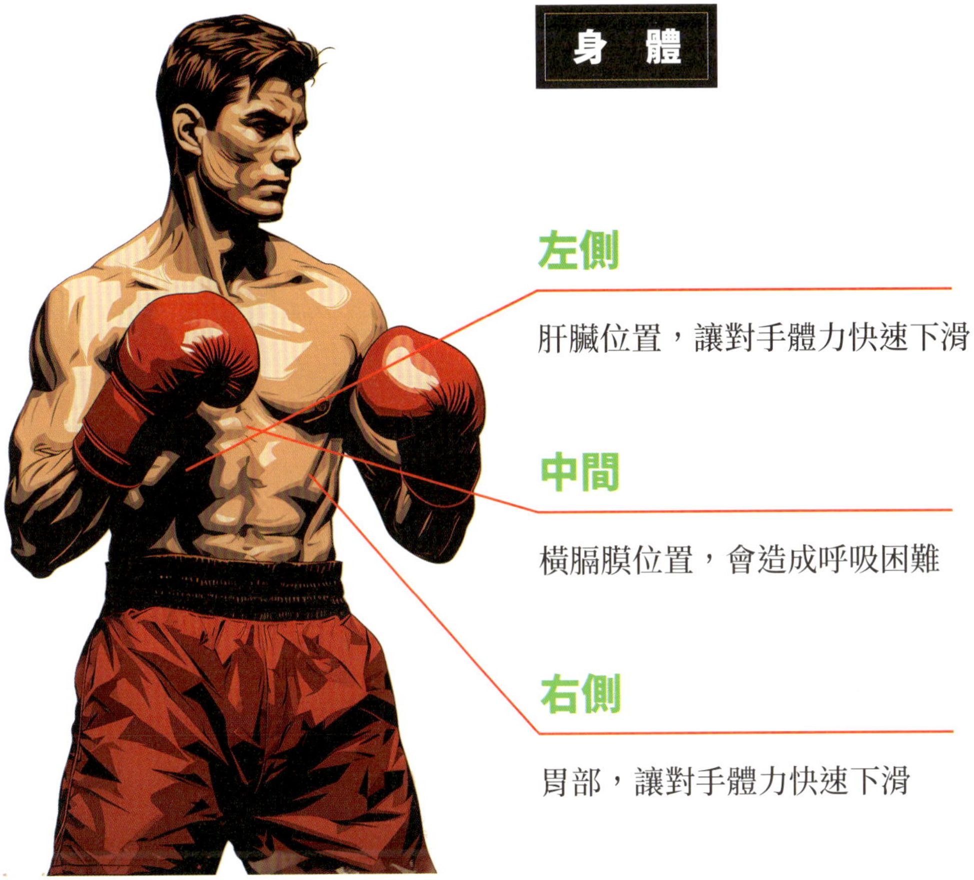
身 體
左側
肝臟位置，讓對手體力快速下滑
中間
橫膈膜位置，會造成呼吸困難
右側
胃部，讓對手體力快速下滑

圖 4-17：身體軀幹攻擊位置

關於身體攻擊，腹部兩側很適合用左右鉤拳來打。肚子裡有許多內臟，遭受攻擊時內臟受到擠壓，會讓人感覺喘不過氣、體力下滑。如前面的章節提到的，被完美的肝臟拳命中後，就算是高手也很難再站起來。

除了左右兩側，中間的部分是橫膈膜。橫膈一旦遭受攻擊，會立即感覺呼吸困難，非常不舒服。用直拳，或近身戰時用上鉤拳攻擊對手的橫膈膜，是一種消磨對手體力很有效的方式。

介紹了兩種打擊位置，但該如何應用？除了不同打點的單拳練習，如果你已經熟練了六種基本的拳路，便可以試試「上下搭配」。

組合拳常常出現上下搭配，舉例來說，我要出三顆的組合拳：刺拳—後手直拳—前手鉤拳。初學者可能會三拳都會打頭部，但這樣子容易被預判，很可能都被擋掉。經驗豐富的拳擊手，會搭配上下不同的打點。同樣是「刺拳—後手直拳—前手鉤拳」的組合拳，只要上下交互攻擊就能造成對手意料外的結果（詳見第七章）。

總結以上，直拳一般常用來打頭部，偶爾打身體；左右鉤拳的攻擊距離短，通常搭配組合拳，比較少直接當發動攻勢的第一拳，打擊位置通常是頭部側面或腹部；上鉤拳較少見，通常只會在近身戰出現，一樣常搭配組合拳，例如先鉤拳打側腹，再用上鉤拳鉤頭。

這部份建議初學者，先練熟直拳的頭部和身體攻擊，以及上下攻擊的變化。李小龍說過：「我不怕練過一萬種踢法的人，但我害怕一種踢法練過一萬次的人。」融會貫通你的觀念，將基本動作變成直覺反應，簡單的攻擊就能打贏許多人了。

示範影片

第 4 章：出拳連續動作示範影片

1. 刺拳

2. 後手直拳

3. 前手鉤拳 + 轉向

4. 後手鉤拳 + 轉向

5. 前手上鉤拳

6. 後手上鉤拳

閃躲

Chapter 5

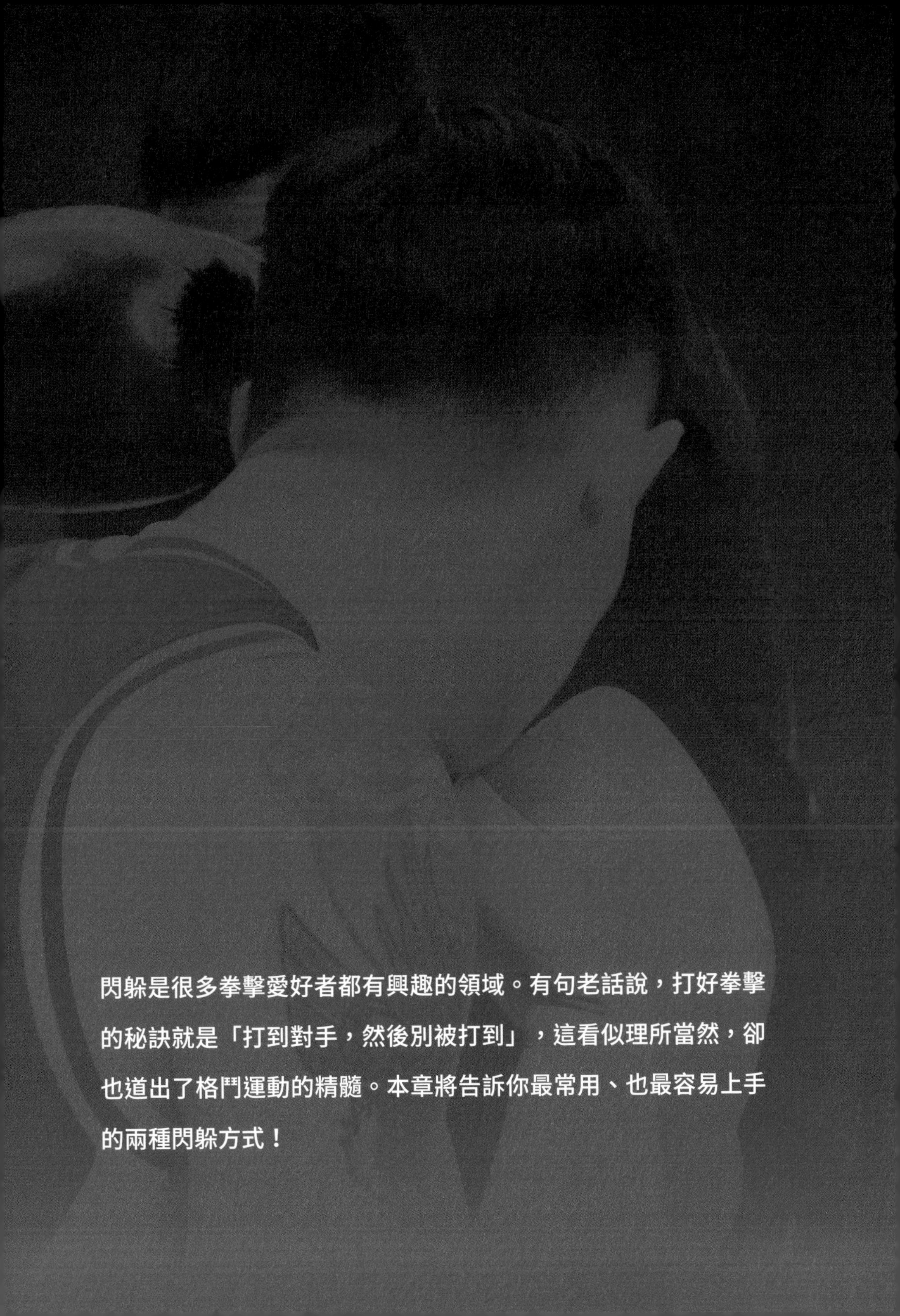

閃躲是很多拳擊愛好者都有興趣的領域。有句老話說，打好拳擊的秘訣就是「打到對手，然後別被打到」，這看似理所當然，卻也道出了格鬥運動的精髓。本章將告訴你最常用、也最容易上手的兩種閃躲方式！

側閃
Slip

側閃是效率最高的閃躲技術，不但動作小，而且閃躲之後可以馬上反擊。我認為是最實用的閃躲技巧！我覺得側閃的協調，和跳舞時練習的律動有些類似，有點微蹲的感覺。以下分為左側閃和右側閃。左側閃分解動作如下：

① 髖部帶動微微下蹲，頭向左側滑，重心會從中間推向往左偏移，上半身會往下壓。
② 當閃過對方的出拳之後，再把重心調回到原來的中間位置。

圖 5-1：左側閃完成姿勢

以右撇子來說，如果要反擊，可以在左側閃的步驟二之後進行。因為這時，你重心偏左、髖部也已經幫你蓄力完畢，是一個出前手鉤拳的完美位置，可以進一步做出反擊。

右側閃分解動作如下：

①髖部帶動微微下蹲，頭向右側滑，重心會從中間推向往右偏移，上半身會往下壓。

②當拳閃過去之後，再把重心調回到原來的中間位置。

圖 5-2：右側閃完成姿勢

如果右側閃之後打算反擊，可以在步驟二之後行動。這恰巧是一個完美出後手直拳的位置，所以可以出重拳來反擊，如果離對手近一點，則也可以出後手上鉤拳反擊。

側閃常見錯誤

看見拳頭打過來，害怕是本能反應，所以很容易側閃時頭也跟著撇過去，沒有直視對手。如果閃躲時不看著對手，你就無法反擊，讓對手得寸進尺，在場上陷入惡性循環。

搖閃
Rolling

搖閃是一種屬於近身型選手的技巧，例如邁克・泰森就非常善於一邊搖閃，一邊逼近對手。搖閃的分解動作如下：

①用髖部帶動下蹲。
②屁股帶動上半身向兩側轉體，要有 U 行旋轉的感受度。
③起身回到起始姿勢。

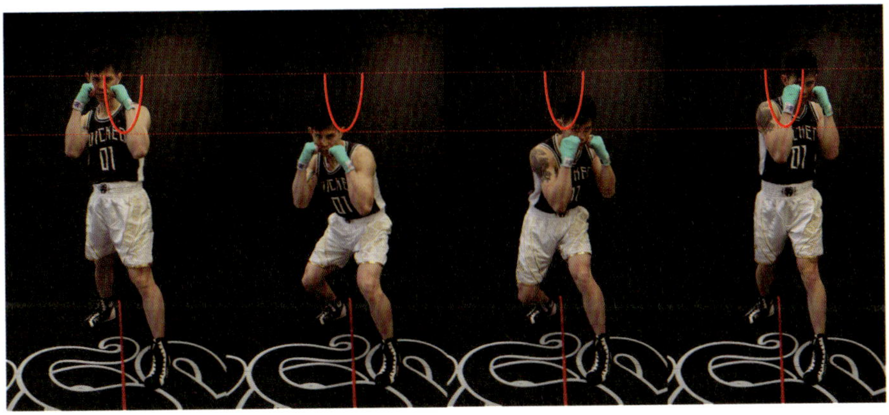

圖 5-3：搖閃時，頭部 U 形軌跡圖

在練習閃躲動作的時候，可以請訓練夥伴拿海綿棒對你攻擊，然後你可以拉開距離、側閃或是搖閃。在練習搖閃時，也是要讓閃躲幅度越小越好，降低體力的浪費。

閃躲動作越小越好

要記得，閃躲的動作要越小越好。閃躲動作太大會非常消耗體力。拳頭其實不大，所以我們只需要恰巧閃過拳頭即可，如圖 5-4 所示。就算沒有閃掉對方的拳頭，你也因為有在移動閃躲，所以不會被完全命中，頂多被削到，使得對方攻擊的威力大減，所以不需要害怕。

圖 5-4：成功閃躲需要的動作並不大

我剛接觸拳擊時，看到前世界拳王「王子」納辛（Prince Naseem）的華麗閃躲，曾經模仿他的打法，做大幅度的閃躲。大幅度閃躲確實能閃掉對手的攻擊，但會讓你體力下降得飛快，如果沒有訓練扎實就上場，這樣到了第三回合、甚至是第二回合你就已經虛脫了。此外，大幅度閃躲後並不容易直接反擊，要做反擊的話會更消耗體力。所以我建議大家，納辛的動作先欣賞就好，先把基本動作練好，行有餘力再來玩大幅度閃躲。

閃躲不是避戰，反擊才是重點

閃躲最常見的錯誤，就是怕拳。前面提到害怕被攻擊是人類的本能，所以遭遇攻擊時，多數人會下意識地把頭轉向側面，甚至身體直接背對對手——但我們是拳擊手，要展現專業！面對揮過來的拳頭，收好下巴，做好側閃或搖閃。雙手拿好，加上閃躲擺動，這樣一來，對手打出的拳頭會先碰到你的拳頭，再擦過你的防守，如果這時還打到你，傷害已經所剩無幾。平時就要練習能直視對手的能力，一定要多利用反應棒，讓自己習慣對手的攻擊。

還有個很重要的觀念：**閃躲之後要記得反擊**。不論是閃躲—反擊，或迎擊都可以。如果你單純防守不反擊，對手打在你防禦上或許傷害不大，但不斷累積也會慢慢造成傷害，消耗你的體力。閃躲之後的反擊非常重要，當你懂得反擊，對方便不敢肆無忌憚地攻擊你，你也會打得更輕鬆。關於反擊，我會在第 7 章的後半部提供三種實用的反擊技巧。

示範影片

第 5 章：閃躲連續動作影片

1. 左右側閃

2. 搖閃

組合拳

Chapter 6

拳擊是由六種基本拳路所組成，但這六種拳路，卻可以組合出千變萬化的組合拳。以兩顆的組合拳為例，最基本的就是 1-2、Cross-Hook，以及 Double Jab 也是。學過排列組合的人都知道，三顆的組合拳就更多種了，像是 1-2-Hook、1-1-2，或者 1-Body-Hook。拳速夠快，擅長打點得分的拳擊手還能打出一組四、五顆的組合拳。

與基礎拳路的基本功相比，我們在練習組合拳時，更要注意「組合」的過程。為了讓組合拳打得更順暢、更有威力，有時會需要微調單一拳路的施力方式與動作——這樣一來，你就能在練習組合拳的過程中，找到自己出拳的良好協調感。

本章選出幾種較具代表性的組合拳，這些拳除了是新手必練的基礎之外，也常常被用來組合成拳數更多的組合拳。

注意：打擊點雖可細分為上段與下段，但基本動作都是以上段（擊頭）為主。為求簡明，本文部分省略了「上段」標記，只標明「下段」攻擊。

刺拳 — 後手直拳

1-2

俗稱「萬兔」，也寫作 1-2。就算你練的不是拳擊，在泰拳或 MMA 也一定會時常接觸這種「全世界武術的通用組合拳」。1-2 是刺拳與後直拳的組合，是最基礎、也最實用的組合拳。把 1-2 打好，擊中對手的機率便會大幅提升！

1-2 組合拳可以拆解成三個動作：

① 前腳向前踏步，同時出刺拳。前腳著地時，刺拳伸至最長。
② 後腳跟上向前踏步，把身體向前帶動，同時出後手拳，並將前手縮回。後腳著地時，後手拳伸至最長，同時前手到下巴位置。
③ 回到基本架式。

注意，出後手直拳時，要踏步，轉髖，送出後手——以上這三個動作要盡量同步，才能將力量在傳遞過程中的損耗降到最低。後腳腳跟也要同時旋轉（如右圖所示），這樣子後手一側半身的旋轉就能更順暢。

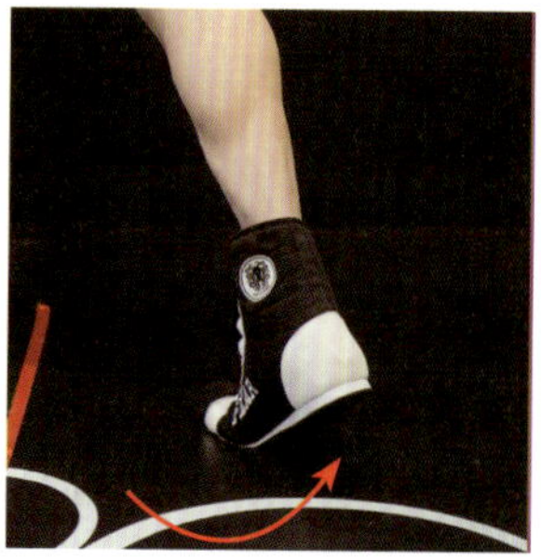

我在第 4 章提過，出拳要配合吐氣，而出組合拳也是一樣的。出單一顆拳頭要吐一口氣，出兩顆的組合拳則要連吐兩口氣，將原先一口氣分成兩小口氣來吐，而出三顆的組合拳則是分成三口來吐，以此類推。組合拳若是沒有配合吐氣，你的體力會消耗得非常快，切記一定要配合呼吸。

另外還有個小技巧。出 1-2 組合拳時頭部可以進行側閃，避免被對方迎擊。這個習慣區隔了初學者和老手。很多初學者在出拳時，身體依然站得直直的，很容易遭到對手迎擊。但別忘了，出拳側閃時也要收好下巴，眼睛看著對手，才有辦法應對對方的反擊！

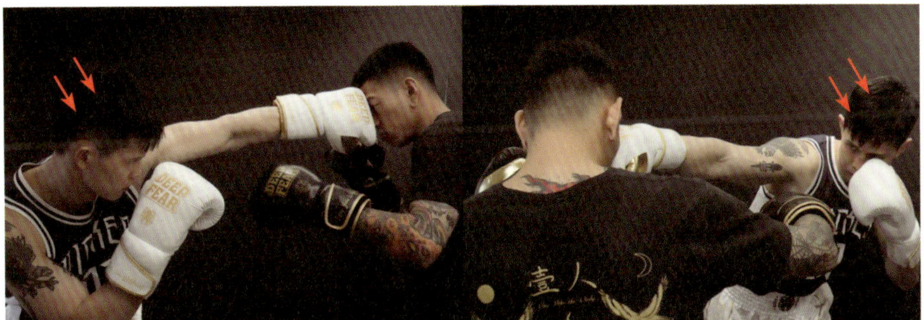

圖 6-1：直拳加上側閃（左為刺拳加右側閃，右為後手直拳加左側閃）

刺拳 — 後手直拳 — 前手鉤拳

1-2-Hook

熟練 1-2 組合拳之後，你可以嘗試更進階的 1-2-Hook 組合拳，即 1-2 之後加上一顆攻擊頭部的前手鉤拳。

要先說明一項重要觀念，當你的組合拳超過三顆或更多，就要考慮到力量分配的問題。如果每一拳都用全力，會很耗費體能，而且速度會變慢。也因此，在打超過三顆的組合拳時，我們通常會在最後兩顆，甚至最後一顆才出重拳。前面的拳也不是白打，目的是在於誘敵，讓對方做出防守。1-2 -Hook 可分解成下列動作：

① 打出 1-2，後手直拳伸至最長時，髖部已經旋轉，恰巧在可以出前手鉤拳的位置。
② 由髖部發力，用身體的力量順勢打出前手鉤拳，同時後手回去保護下巴。
③ 回到基本架式。

注意，1-2 的目的在於將對手的注意力轉移到前方，之後由側邊攻擊的前手鉤拳才是重點，如圖 6-2 所示。

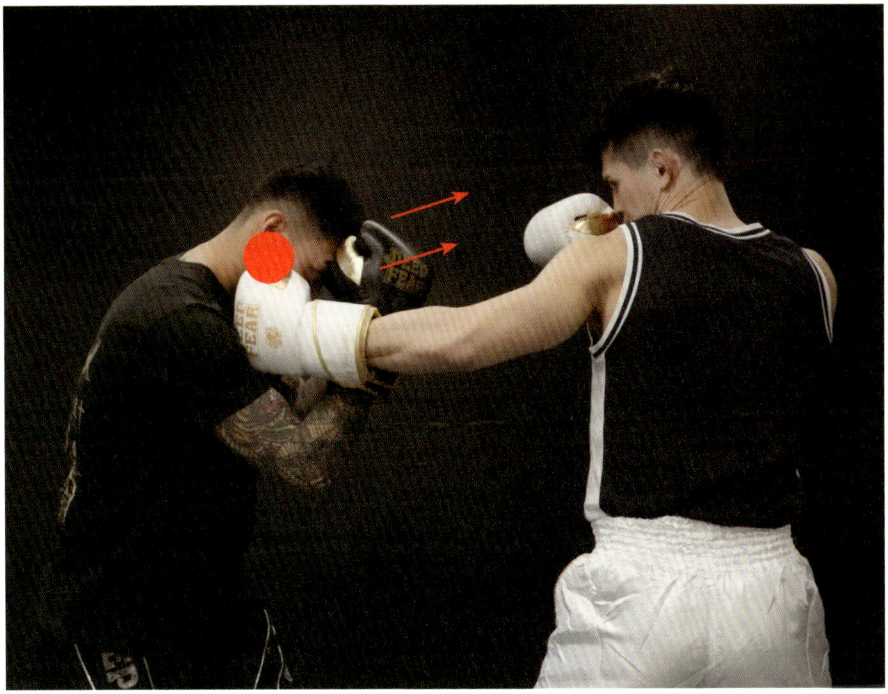

圖 6-2：趁對手注意力轉移至前方時，以鉤拳進行側面攻擊

刺拳 — 後手直拳 — 下段前手鉤拳

1-2-Hook(Body)

這個組合拳只需將上一節 1-2 之後的前手鉤拳，目標由頭部（上段）改為身體（下段）。

雖然聽起來只改了一點點，但其實是一種困難的組合拳，需要很好的身體協調性。從直拳到鉤拳，而且要轉換攻擊高低差，讓目標由頭部轉為身體，這些因素大幅提升了難度。

我們可以先做一種訓練，讓 1-2-Hook(Body) 更加順暢。分解動作如下：

① 前腳向前踏，同時順勢旋轉髖部，頭部閃躲掉想像的直拳攻擊，前手自然垂下，拳頭朝前。
② 髖部發力，將前手鉤拳向前送。
③ 擊中目標後，前腳拉回，迅速回到基本架式。

以上的練習，練的是單發的腹部鉤拳加上閃躲，對正架站位的右撇子來說，這就是左手的肝臟拳。把這個腳髖手的協調練熟之後，便能在 1-2-Hook(Body) 出完後手直拳之後，馬上應用，打出順暢而有力的腹部鉤拳。

這個動作，除了可以讓你早點上手，也因為加入了頭部閃躲，讓你能閃躲對方的右拳再做出反擊。對方出右拳時，腹部就會產生一個防禦大漏洞，抓準這個時機，用你的前手向前挖，便能可以做出肝臟攻擊。如果對方來不及腹部出力防禦，你的力量將滲透進去，讓對手不支倒地。

圖 6-3：髖部發力，帶動鉤拳擊腹

刺拳－後手上鉤拳

Jab-Uppercut

刺拳加上後手的上鉤拳，這個組合拳可以用來突破對方的防禦。面對雙手拿好防禦的對方，由於空檔比較少，一般用直拳如 1-2 攻擊很容易被擋下。但沒有完美的防守，我們只要從不同角度切入還是能擊中對方。透過上鉤拳改變攻擊方向，便可以做到這一點。分解動作如下：

①前腳向前踏，同時出刺拳。
②後腳跟上，同時出上鉤拳打下巴，上鉤拳可以嘗試不用旋轉，較容易直接插進對方的防禦空隙。
③回到基本架式。

注意，這個組合拳裡的上鉤拳，講求的是速度和準確度，並不需要太用力。因為頭部對於上鉤拳的抗衡擊能力很低，只要稍微打到就會噴起來。實際運用時，你可以觀察對方的習慣動作，假如他喜歡下潛閃躲，上鉤拳就可以朝胸口打，這樣當他蹲下來閃躲，你的上鉤拳就會剛好撞在他的臉上，造成相當大的傷害，他的頭可能會噴起來。

當然，上鉤拳除了打頭，也能用來打身體。刺拳加上打身體的上鉤拳，這招用來對付與你反架的對手尤其好用。以右撇子為例，左撇子的身體角度恰巧就是能讓後手上鉤拳全力灌進去的角度。分解動作如下：

①前腳向前踏，同時出刺拳。
②後腳跟上，同時出上鉤拳打身體，因為左撇子的站架和右撇子剛好相反，所以右拳勾到身體時，恰巧可以將力量完全灌進去身體中。
③回到基本架式。

圖 6-4：雙方採相反架式時，上鉤拳擊腹可以造成很大衝擊

這個組合拳建議不要太常使用，因為你後手要勾對方的身體，後手一側的下巴完全沒有防禦，被反擊會非常危險，例如，對方用左鉤拳迎擊便能完全命中。在二〇二一年一場備受矚目的比賽中，烏茲別克名將貝特米爾·梅勒庫奇夫（Bektemir Melikuziev）使出後手拳挖肚子時就剛好被蓋布爾·羅薩多（Gabriel Rosado）的反擊打中倒地，比賽直接結束！

前手上鉤拳－下段後手鉤拳

Uppercut-Hook(Body)

這個組合拳是近身戰時非常好用的招式。拳擊的一項重要原則，就是要「上下交互」攻擊，因為這世上沒有完美的防守，一個人的注意力也會有限，而頭部與腹部的交互攻擊可以轉移注意力，也能讓對方露出破綻。我們會在下一章詳細討論「上下交互」的原則。理解這項原則之後，便可以融入 Uppercut-Hook(Body) 的組合拳。

我們先從前手開始。前手上鉤拳打頭部，接著後手鉤拳打腹部，分解動作如下：

①這時已經在近身的階段，因此可以直接出前手上鉤拳打對方的頭，同時身體轉動。
②髖部發力，打出後手鉤拳挖對方的肚子。
③用最短距離回到基本架式。

當然，後手鉤拳不一定要每次都要擊腹。實戰時，對方如果覺得你又要攻擊腹部，他的手可能就會向下保護肚子，頭部便露出空檔，這時你的後手鉤拳自然打頭為佳。

除了上面介紹的基本型，Uppercut-Hook 其實還有許多變化，以下提供兩種。第一種變化是先發動後手，用後手上鉤拳打頭部，再用前手鉤拳打腹部。第二種變化是將順序反過來，Hook(Body)-Uppercut(Head)，先用鉤拳打擊腹部，轉移對方的注意力，再用上鉤拳打頭部。除了上面介紹的三種，你也可以試著推展出其他組合，在對戰時交錯使用、消耗對方體力。

要記得「上下交互」的攻擊是重點。掌握對方的注意力，就能掌握攻勢。用這種方式不但能提高命中率，也能讓對手疲於防禦，甚至無法反擊。自主練習時，也可以將這項原則融入各種組合拳。用前幾拳騙取對手注意力，後幾拳再深入空檔，進行重擊。

世界拳擊高手組合拳詳解

組合拳千變萬化。除了本章介紹的常見組合拳，還有各種可能。每個人身體結構、心智性格都不一樣，所以一定有那麼一系列是你專屬的！

創造自己專屬的組合拳聽起來不簡單，但這並非無跡可尋，我建議可以向世界頂尖拳擊手學習。參考這些活教材的招牌技與風格，可以加速你探索之路。

路斯蘭・普羅沃德尼科夫　　國籍：俄羅斯

Ruslan Provodnikov

量級／架式	超輕量級／正架
招牌組合拳	後手過肩迎擊

普羅沃德尼科夫是俄羅斯重砲手，擅長用後手過肩（Overhand）迎擊。過肩指的是自己的拳頭越過對方的直拳，通常用於後手的迎擊。這會讓對手在出拳時被反擊，可造成巨大傷害。

要注意的是，過肩迎擊的動作大、容易被看穿，沒打中的話可能失去平衡，讓對手抓到反擊空檔。

德米特里・比沃爾　　國籍：俄羅斯

Dmitry Bivol

量級／架式	輕重量級／正架
招牌組合拳	1-2-1（以刺拳結束的任何組合拳）

這位拳王擁有完美的距離感，堪稱遠距離選手的完全體。他不追求場場 KO，擅長的是有效打擊，就算面對體型更高大的對手，也能用距離進行完美控場。

他的招牌技 1-2-1，非常建議遠距離選手納入武器庫。以刺拳結束的優點在於，攻擊完會回到基本站姿，同時拉開距離，增加安全程度。同樣道理，你也可以試著在任何組合拳之後加上刺拳。

貝特米爾・梅勒庫奇夫　　國籍：烏茲別克

Bektemir Melikuziev

量級／架式	超中量級／反架
招牌組合拳	刺拳－下段後手鉤拳

梅勒庫奇夫的打法有很強的壓迫性。他是反架選手，對上右撇子時，很擅長在刺拳之後，用後手鉤拳挖身體。左右撇子的架式剛好對稱，他後手鉤拳的力量可以完全灌到對方的身體中，有效消耗對方體力。

佛洛伊德・梅威瑟　　國籍：美國

Floyd Mayweather

量級／架式	超羽量級－次中量級／正架
招牌組合拳	中遠距離的防守反擊

梅威瑟以費城殼式（詳見第 2 章）聞名於世。前手保護腹部，可以限縮對方的攻擊點，剩下能打的只有頭，所以較能預測對手的攻擊。

在對方攻擊頭部時提肩，用肩膀擋下攻勢，便能做出提肩防守。而提肩防守搭配後手反擊拳，就是梅威瑟最漂亮的招牌技。他左側提肩、微轉向右側，彈開對方的拳頭，這時恰巧是能打出右拳的姿勢。待對方揮空，抓準時機直接右直拳反擊。

邁克・泰森　　國籍：美國

Mike Tyson

量級／架式	重量級／正架
招牌組合拳	下段右鉤拳－右上鉤拳

這是泰森最愛的招牌組合拳，我個人也常用。同手的連發攻擊比較少見，會讓對手難以預料，所以更容易命中！

小潘推薦組合拳

正架 刺拳－下段後手直拳

1-2 的頭部攻擊是最基本的組合拳。平時就應該把動作練到最小最快，在對手來不及反應時打進去。不過，多數選手都能輕鬆應對一般的 1-2。

藉由變化上下打點，就能提升命中機率，而且腹部攻擊會漸漸消耗對手體力，可以想成一種長期投資。這招的妙處在於，讓對手以為你的目標是腹部之後，還能再做出其他變化。（詳見第 7 章〈上下交互攻擊〉）

正架 刺拳－下段後手直拳－前手鉤拳

這個組合拳是上面一組的延伸變化。第二顆直拳打腹部之後，如果成功讓對方的注意力移到下方，第三顆的前手鉤拳就很容易擊中對方的頭部。

要注意的是，這招一定要搭配好腳步。對手通常會被第二拳打退，這時你的第三拳要向前追擊，腳步跟不上則容易揮空。

正架 1-1-2（萬萬兔）
刺拳—刺拳—後手直拳

這招適合用來對付遠距離選手，或是用來拉近與對手的距離。

第一顆的踏步刺拳用來拉近距離，無論是否有攻擊到都無所謂，接著再進行一次踏步的 1-2。後面的踏步 1-2 才是主要的攻擊。

反架 前手轉向鉤拳—踏步 1-2 追擊

有些情況下，左撇子拳手使出前手（右手）的轉向鉤拳（Check Hook），會讓右撇子很難對付。因為這招很容易鑽進右撇子的前手空檔，如果再搭配腳步，出鉤拳的同時轉到側面，就能輕鬆得分並累積傷害。反架的遠距離選手建議要練！

熟練了轉向鉤拳，嘗試加上追擊，加入踏步 1-2 是最容易也最實用的組合。

反架 後手迎擊右撇子的前手

如果你用反架，對上正架拳手，你跟對手的姿勢會呈現鏡射的狀態。對方打刺拳，你只要頭偏掉閃躲，同時丟出後手（左手）迎擊，因角度的關係，會很容易命中。

右撇子當然也會想用後手迎擊左撇子，但通常右撇子較少遇到反架，所以不會這麼熟練。

組合拳與腳步的搭配

前文介紹的組合拳，使用時一定要配合腳步。因為拳頭再重，打不到人也沒用。再者，搭配腳步可以讓身體的力量帶到拳頭上，也能讓重心保持在雙腿之間，避免出拳後的不平衡。

組合拳搭配腳步的基本原則是：**一拳搭配一個腳步，左右交替**。

每出一拳，腳步都會移動。你可以向前追擊，也可以向後退邊退邊出拳，如果在近距離的進身戰時，原地踏或旋轉腳尖也行。例如，正架出 1-2 時搭配腳步，即出刺拳時踏左腳，出右直拳時踏右腳；出三拳的話，1-2-Hook 呢？一開始腳步動作和出 1-2 時相同，而打第三拳 Hook 同時踏出左腳。以此類推。

我剛開始練拳時，教練為了讓我的出拳搭配腳步更順暢，會讓我們做一個訓練：連續出 1-2-1-2-1-2……，左腳右腳不斷往前踏步。這個訓練可以讓我們快速掌握出拳搭配腳步的感覺，讀者不妨嘗試看看。不過這主要是針對協調的練習，在實戰中完全不實用。

示範影片

第 6 章：組合拳連續動作示範影片

1-2

1. 刺拳—後手直拳

1-2-Hook

2. 刺拳—後手直拳—前手鉤拳

1-2-Hook(Body)

3. 刺拳—後手直拳—下段前手鉤拳

Jab-Uppercut

4. 刺拳—後手上鉤拳

Uppercut-Hook(Body)

5. 前手上鉤拳—下段後手鉤拳

實戰與反擊技巧

Chapter 7

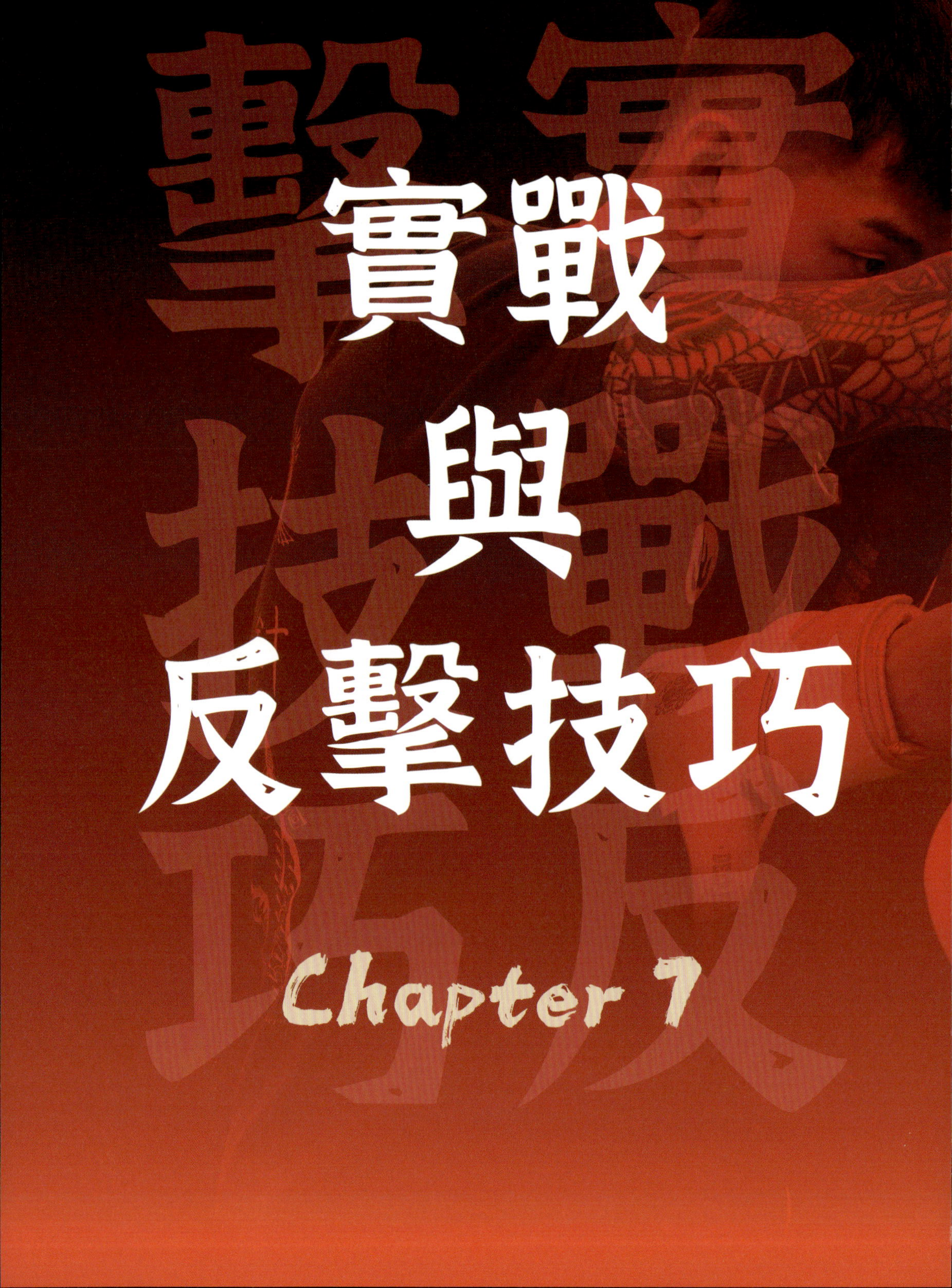

拳擊本質上是競技運動，所以一套完整的拳擊技術，自然也包含了在場上應對對手的技巧。本章所介紹的，是你在對練（Sparring）時才會學到的技術。也就是說，你在實際練習時，不只是基本動作與出拳姿勢，還必須考慮到你的對手。

所以首先，我會介紹三種實戰常用的技巧，這些技巧幾乎廣泛存在於每一場拳賽，絕對值得你花時間精進。再者，我也將介紹反擊的技巧。反擊是拳擊手必須接觸的領域。古代攻城是易守難攻，但拳擊實戰是易攻難守——你不反擊，那對方會越打越爽，你的體力也會快速被消耗掉，最後被 KO。本章介紹三個反擊的技術，建議至少要熟悉其中一種！

實戰技巧一

踏步刺拳

對新手來說，最實用，最省力的打法就是踏步刺拳。
分解動作如下：

① 前腳前踏，同時出刺拳。在腳步落地時，拳頭正好延伸到最長，讓身體的力量傳到拳頭上。（圖 7-1 右）
② 前腳收回，回到基本站姿。

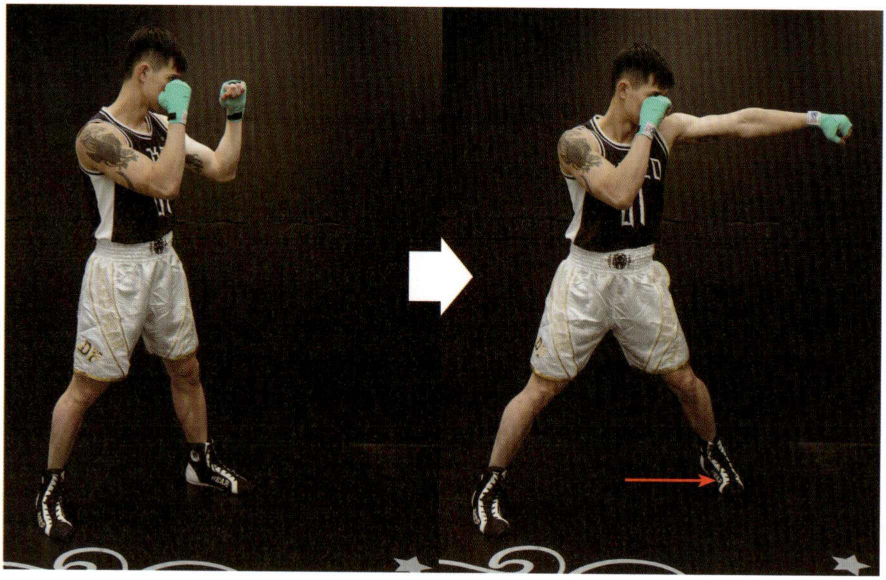

圖 7-1：踏步刺拳完成姿勢

踏步出拳有很多好處，不但能縮短距離，還能增加拳重。

要注意的是，別忘了要做好後手的防禦，把手拿高保護臉部。手的位置是有彈性的，你要觀察、研究對手——如果對手不善長打身體攻擊，那你後手就應該拿高，完全保護好臉。這樣一來，當你和對手互相以刺拳攻擊時，你可以有效攻擊，但對手的刺拳就會被你的後手擋掉。

這個技巧可以有些變化，壓迫型打法的人可以前踏之後不收回，後腳跟上結束，這樣就能持續壓迫對手；遠距離打法的人則建議踏步之後收回腳步，打出試探性的刺拳，每次攻擊完繼續在外圍遊走、控制距離。

圖 7-2：踏步刺拳時，用後手格擋對手攻擊

實戰技巧二

上下交互攻擊

什麼樣的拳頭威力最強，可以給對手造成最大的傷害？

答案是：**沒有預期的攻擊。**你沒做防禦時，被打到的傷害最大！所以打拳擊，才會需要做假動作，不讓對方直接看穿你的目的，你就能在對手意料之外重創他。最基本的假動作就是「上下和下上的交互攻擊」。

以 1-2 的組合拳為例，除了都打頭，也可以做出以下兩種變化：

- 變化① **上到下**。刺拳打頭，第二顆直拳打擊身體，瞄準對手橫膈膜的部位。橫膈膜被打到，沒用力的話會呼吸困難，沒練抗打的人還可能被擊倒。另外，腹部遭攻擊會讓體力不知不覺下滑，有時雖然感覺當下撐住了，但整場的體力卻會掉得很快。

- 變化② **下到上**。第一顆刺拳打身體，第二顆直拳再打頭。平常多用踏步刺拳打對手身體，打完後就拉回保持距離，讓對方注意力轉移到肚子。當你發現對方的防禦受影響而漸漸往下，就可以使用下—上的組合拳，用後手直拳轟爆對方的頭。

除了直拳，我更推薦直拳搭配鉤拳的打法。以兩拳的組合拳為例，較常見後手直拳打肚子，前手鉤拳打頭。這招在前面的推薦組合拳中也有提到，主要可以提高命中率——用後手打肚子來往下轉移對手的注意力，接著用前手鉤拳打入對方的視野死角，敲到下巴會很容易擊倒。

上下交互攻擊的技術，也可以用來對付跟自己架式相反的選手。例如，烏茲別克名將梅勒庫奇夫的招牌技「刺拳—下段後手鉤拳」。由於站姿呈現對稱，任一方的後手鉤拳很容易完全發力、灌進對方的肚子。這時利用上下交互攻擊，便能輕鬆切入，並提高優勢。利用這招切入的時候，後手必須保護好下巴。就連梅勒庫奇夫也因為掉了防禦，而被羅薩多擊倒。所以別忘了，基本防禦做好才是王道。

更進階的，還可以利用多顆組合拳進行交互攻擊，這時就不只是上下或下上的變化，而是如「上—下—上」的三顆組合拳。先刺拳打頭，後手直拳打肚子，最後前手鉤拳再打頭。這組的重點放在最後，前面兩顆則用作佯攻並拉近距離。世界拳王卡內洛．阿瓦雷茲（Canelo Álvarez）也是使用上下交互攻擊的專家，打擊位置也相當多元，往往讓對手難以招架。

同樣道理，四顆、五顆的組合拳也可以打出更多變化，如「上—上—下—上」或「下—下—上—下」等，讓對手疲於防禦、被迫露出破綻。上下的變化還有非常多種，你可以任意結合你所擅長的組合拳，將這些動作做出上下攻擊的變化，幫助你有效混淆對手，製造空檔！

圖 7-3：使對手誤判是上段攻擊，再攻擊下段

實戰技巧三

撥－打

撥－打，是一個簡單又實用的技巧。

撥擋（parry）的意思是，當對手朝你出拳時，用拳套「輕輕」拍掉他的拳。為什麼要輕輕的？因為拳頭並不大，只要稍微讓它轉向，就足夠削減掉大部分的威力了！輕一點的話，動作也會相對小一點，確保撥完之後你的動作可以馬上回到基本站姿。許多人都拍得太用力，但如果沒拍到，你的動作會跑掉，這時對方打出第二顆拳，或是只用假動作騙你的時候，你用力去撥拳、露出空檔，就可能會被擊中。

我們以直拳來做以下兩種練習：

- 第一種 **前手撥**（圖 7-4 左）
  撥掉後打後手直拳。

- 第二種 **後手撥**（圖 7-4 右）
  撥掉後可以打刺拳。如果你想出重拳，也可以打前手鉤拳。

熟練了不同手的撥與打，你可以嘗試更進階的做法，也就是用同手做撥一打。例如：前手一撥完馬上出刺拳，又或者後手撥完馬上出後手重拳。

當然，你出拳對方也會想撥掉你的攻擊再反擊你，為了避免這種狀況發生，一定要做好基本功，出拳後就算被撥到也迅速拉回基本姿勢，就能有效降低被反擊的機率。

圖 7-4：前後手的撥擋

反擊技巧一

阻擋－反擊

阻擋反擊是最簡單又直覺的，對於新手來說也最容易上手。我建議反擊都先從阻擋練起！

分解動作如下：

① 做好基本動作，面對對手，雙手防禦拿好，不要放下。
② 當你感受到對手拳頭碰到你的防禦，直接出拳，無論是出左拳、右拳，或是組合拳都可以。
③ 不論是否打中對手，快速回到基本架式。

在想法上，阻擋是一種很直觀的防禦方式，用拳套或手臂來阻隔對方的攻擊，在操作上也相對簡單。然而，阻擋需要一些技巧跟勇氣。最常見的錯誤是本能地向外推，在新手中較為常見，因為太害怕了，還不習慣拳頭。

以我的經驗來說，阻擋反擊適合攻擊距離較遠（通常是較高）的選手使用，因為矮的對手如果打得到你，代表你也打得到他。所以我很常用阻擋反擊來對付較矮的對手，一被碰到就直接做反擊。

不過，上段文字也顯現出阻擋反擊的缺點，就是較不適用於對付比你高的對手，因為反擊速度較慢。對方較高又擅長控制距離的話，只要攻擊完以後馬上拉開，那你的阻擋反擊就比較難打到對方。

我帶學生去比賽時，針對有經驗不足、第一次比賽的選手，在對手沒比他高太多的情況下，我一定會要他先從阻擋反擊做起。

初學者先做阻擋反擊的好處在於，可以習慣被對手攻擊的感覺，適應比賽高壓的氣氛，不會一開始就失心瘋狂衝亂打。而且就算沒反擊到，也至少保護了自己，不至於受到太大傷害。

另外要注意的是，反擊以後，對手很可能再反擊你一波，所以反擊完千萬要再快速拉回基本姿勢，做好防禦。

反擊技巧二

閃躲—反擊

閃躲反擊我認為是三種反擊技巧中最難的，難的部分不在於閃躲，而在於反擊。這個技巧，是先閃過對方攻擊，再進行反擊。「閃躲—反擊」是兩拍動作，反擊速度會稍微快過「阻擋—反擊」，但閃躲動作較大，需要穩定的核心肌群，還要有一定的戰鬥經驗與預判能力才有辦法做到。

分解動作如下：

①先想好要閃左邊還是閃右邊，因為看到拳頭再決定要閃哪邊，已經太慢了。

②對方拳頭過來，進行預想中的閃躲。

③如果成功閃掉，閃左邊的話，可以左鉤拳打頭或打肚子；閃右邊的話，可以右直拳或是右上鉤拳打頭會比較順暢。當然每個人擅長的拳路都不同，可以用自己擅長的拳路來反擊。

初學者之所以實戰時用不出這個技巧，多半是因為閃躲動作太大，閃躲完以後重心整個偏離基本站姿，便無法出拳。要記住，閃躲動作越小越好，因為拳頭不大。重點是閃躲後能夠重心穩定，再進行反擊。

我認為「閃躲—反擊」有個優點，就是不會讓你消耗太多體力，還能嚇阻對手。跟讀者分享一個我愛用的小技巧：很多時候我累了，就會等待對方攻擊，我再做閃躲反擊。這樣不會太花力氣，也可以牽制對方。比賽時，如果能先給對方「你會做閃躲反擊」的印象，對方攻擊時會比較顧慮，給你休息補充體力的空間。

閃躲—反擊時，看到拳頭過來再想要怎麼閃，又要出什麼拳，整套過程太久了，很難真正做好。所以強烈建議讀者：先想好要往哪邊閃。而不是期待對方出右拳，你就會自動往左邊閃，對方出左拳，你則自動往右邊閃。

你的動作必須熟練，讓這兩拍動作最精簡的完成。我自己在沙袋訓練時，會想像對手攻擊，然後我立即做出閃躲—反擊。我還會找一套自己最順的閃躲—反擊組合拳。像是我往左邊閃時，就非常習慣以左手的肝臟拳反擊，如果往右邊閃則是習慣以右直拳反擊。

反擊技巧三

迎擊

迎擊，顧名思義就是迎面攻擊。被攻擊時，閃過對方的拳頭並同時反擊。迎擊拳會給對手非常大的傷害，因為在攻擊時，不但距離變近、也會缺乏防守意識。對方在疏於防守之下挨了一記重拳，絕對會很痛！

迎擊和「閃躲—反擊」最大的差異，就在於迎擊是一拍動作，「閃躲—反擊」是兩拍動作。也因此，迎擊的思考時間會更短，建議你在對手還沒出拳時，就先想好要出什麼拳來迎擊。

以正架對正架的狀況來說，最容易上手的是以右手直拳迎擊左手刺拳。因為，比賽時出刺拳的次數較多，而你在觀察對手後，也多少能觀察出對方出左拳的意圖，分解動作如下：

①心理做好準備要出右直拳迎擊。
②當你感覺對方要出左拳時，不管三七二十一，直接出右直拳迎擊！如果對手出拳，你的右直拳就可以跨過對手的前手直拳，就迎擊到對手；如果對手沒出拳，那你也是做出了一波攻擊！
③回到基本架式。

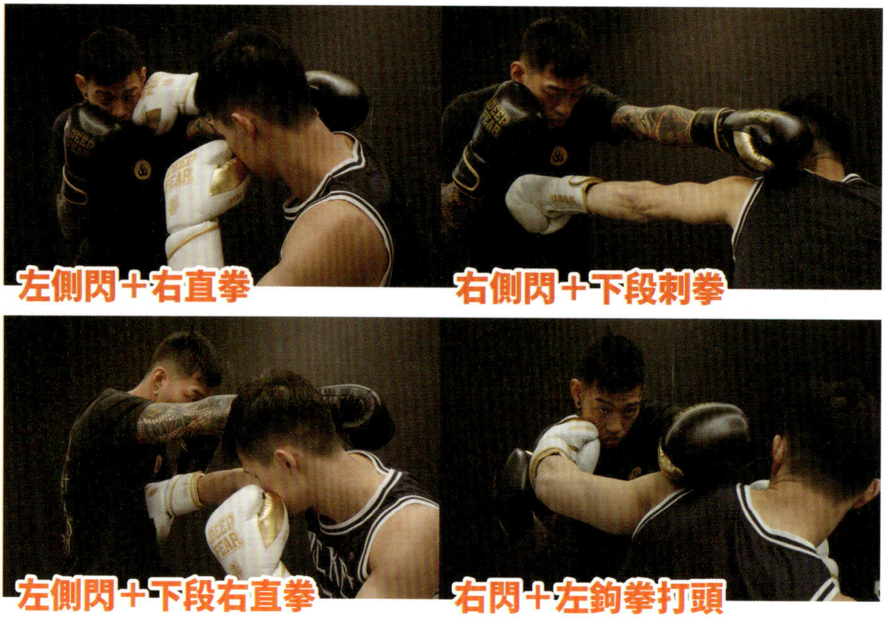

圖 7-5：常見的幾種迎擊拳

正架對正架常見的迎擊拳，除了上面的「左側閃＋右直拳」（圖 7-5 左上），還有「右側閃＋下段刺拳」（圖 7-5 右上）、「左側閃＋下段右直拳」（圖 7-5 左下），以及「右閃＋左鉤拳打頭」（圖 7-5 右下）等。

迎擊有一項非常重要的作用，就是搶先制止對手的進攻。正如前述，我們可以先想好迎擊要出的拳，但實際上出手之後，情況很可能不會跟你想得一模一樣——你可能沒打中要害，也可能角度有差，甚至被擋下來。不過，只要你確實出了拳打在對方身上，那便是破壞對手的重心，讓他攻擊中斷，給他斷招！

做迎擊必須注意，要在攻擊的同時進行頭部閃躲，如果頭部位置不動，很容易就變成跟對手互擊。對我來說，迎擊的重點是反擊同時要做出閃躲，這樣一來，就算沒有打到對方，而只是閃掉了攻擊也不錯。我很喜歡的俄羅斯拳擊手普羅沃德尼科夫，就非常擅長用右拳迎擊對手，簡單又暴力，讀者如果看過他的迎擊，一定會愛上這招！

示範影片

第 7 章：實戰與反擊技巧，連續動作示範影片

實戰技巧一

1. 踏步刺拳

實戰技巧二

2. 上下交互攻擊

實戰技巧三

3. 撥一打

反擊技巧二

4. 閃躲一反擊

反擊技巧三

5. 迎擊

跳繩與影子練習

Chapter 8

正如前面所介紹的，拳擊技術有很大一部份都建構在腳步的訓練之上。本章將從跳繩這種訓練腳步的經典器材開始，教你最基本的拳擊跳法。其實在一般的訓練中，並不需要跟梅威瑟一樣華麗的跳繩腳步，以下介紹的五種跳法就能增強你的實力。

影子練習則是由腳步延伸的綜合練習。不但可以訓練腳步，也可以訓練大腦，對假想敵做攻防，也會讓你的拳技更上一層樓。

基本原則與五種跳法

跳繩

跳繩可以在任何平坦、低摩擦力的地板上進行，是相當方便且實用的自主訓練。不但能幫助你減脂、培養節奏感，還能訓練你腳踝的剛性。常練跳繩，讓你移動更快速、更有爆發力，提升整體的運動表現！

跳繩之前，我們要先把跳繩調整成自己適合的長度。首先雙腳踩好跳繩，跳繩往上拉，跳繩的手把要到髖部位置就是最適合的跳繩長度。

跳繩基本上屬於輔助訓練。如果你已經跳得很熟練，或是練到連續跳二十分鐘都不太會累，這時跳繩就不會有太高的訓練強度。所以在課表中，我們會把跳繩安排在暖身階段。不過暖身有很多種，像是動態暖身，因此我不會每一次暖身時都練跳繩，通常每週跳一、兩次，每次跳十分鐘左右。

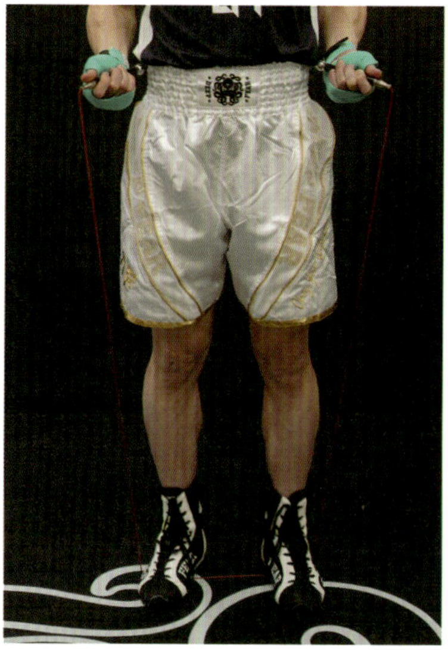

圖 8-1：理想的跳繩長度

跳繩時有些基礎原則：

- 原則① 跳繩要盡量以腳尖來跳，就像我們打拳時的移動時是以腳尖著地為主，才能快速移動。
- 原則② 跳一下繩子就轉一圈，如果跳繩的轉速跟不上腳步的跳躍，代表你的手腕轉速不夠高。
- 原則③ 跳躍的高度越低越好，拳擊手在移動時不會有大幅度的上下重心晃動，要是你重心抬高時被打到，就很容易被打退！

接下來的小節將介紹五種拳擊常用的跳法。

請掃描本章最後的 QR code 連結影片，文字部分僅列出要注意的重點，建議在觀看影片或實作時搭配參考。

基礎跳法

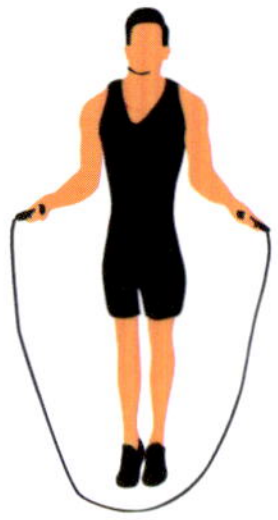

最基本的節奏是：跳一下、轉一圈。

腳的部分要以腳尖著地，不要用腳跟著地。上半身的部分，手臂要盡量靠近身體，不要離身體太遠。用力時只用手腕旋轉，可以感受手腕上下用力的感覺。

很多人跳繩的轉速拉不起來，就是因為不只用手腕參與，前手臂也跟著一起轉了，導致動作太僵硬，速度就變慢。畢竟手腕轉一圈的速度，絕對比整隻手轉一圈還要快。所以如果要提高轉速，就必須盡量只用手腕來旋轉，而且動作越小越好。

另外，身體向上跳的幅度越小越好，跳起來的高度只需要讓繩子順過去就好。有些人跳繩時跳得非常高，身體起伏大，那他八成不是拳擊手，或還是個拳擊新手！

簡單做個結論，基礎跳法要注意的重點是：雙手靠近身體、運用手腕轉動甩繩、只用腳尖著地、跳得越低越好。

單腳跳

學會基本跳法以後，你可以嘗試第二種跳法，單腳跳。

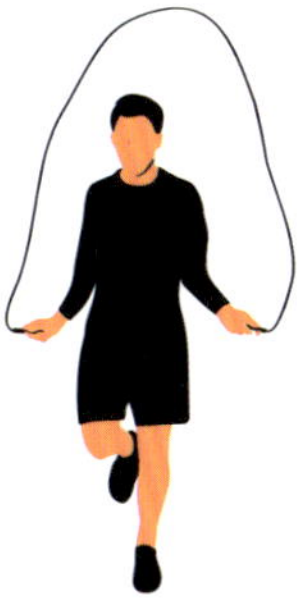

這個動作可以有效訓練肌耐力，而且也可以有效地提升腳踝的剛性，對於腳步為重的拳擊相當有訓練價值。

如果腳踝的剛性不足，你在跑步、或攻防移動時，落地的時間就會比較久，整體速度會無法提升，所以我非常推薦將單腳跳加入你的訓練清單。

單腳跳顧名思義就是每次跳躍只用單腳，抓到節奏後，另一隻腳可以放鬆進行前後搖擺。

訓練方式可以計次，例如單腳跳三十下然後換腳循環；也可以計時，一隻腳跳一分鐘或三十秒，接著換腳訓練。

跳踢換腳

第三種跳法，跳踢換腳。

如果你已經熟練單腳跳，那你只需要再進一步就能完成跳踢換腳的動作。首先，第一隻腳跳兩下，而第二隻腳順勢擺動（先後再前），然後換腳跳兩下，重複同樣動作。

節奏是，腳尖每墊一下，跳繩都會轉一圈。所以完成上述一次跳踢換腳，跳繩會轉四圈。

這種跳法對手腳的協調性很有幫助。

高抬腿

接下來會介紹進階的跳法，兩種都是比較消耗體力的動作。

第一種進階跳法，高抬腿。顧名思義，每次跳躍會將膝蓋抬到腹部的位置（如左圖紅線所示）。

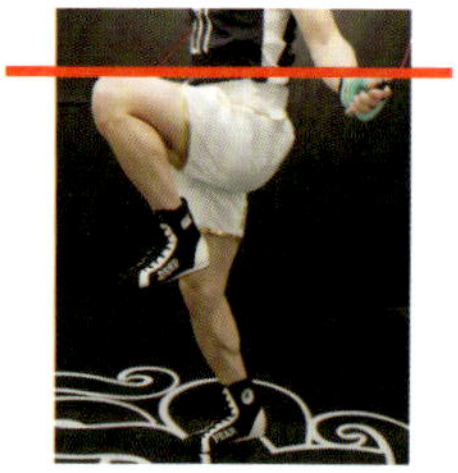

跳繩的高抬腿做得越快越好，通常我會用在暖身階段。這個動作也很適合還不熟練雙迴旋的人，建議這樣的話可以先退階，用高抬腿來代替。這個訓練能讓你快速提升心率，而且把下半身的活動度拉起來，暖身效果非常好。

雙迴旋

熟練高抬腿之後，基本的轉速有了，你可以試著練習雙迴旋跳。

雙迴旋跳就是跳一下，但繩子要迴旋兩圈，難度明顯增加很多！關鍵在於，除了加速手腕轉動，跳起來時必須核心用力，讓身體有收縮緊繃感，這樣可以跳得比較高，而且比較省力。

彈跳的時候，要注意讓腳踝保持足夠的剛性，就像一個很硬的彈簧，才能在碰到地的瞬間要馬上彈起來。

示範影片

第 8 章：跳繩與影子練習示範影片

1. 跳繩五種跳法

跳繩常見錯誤一：腳跟著地

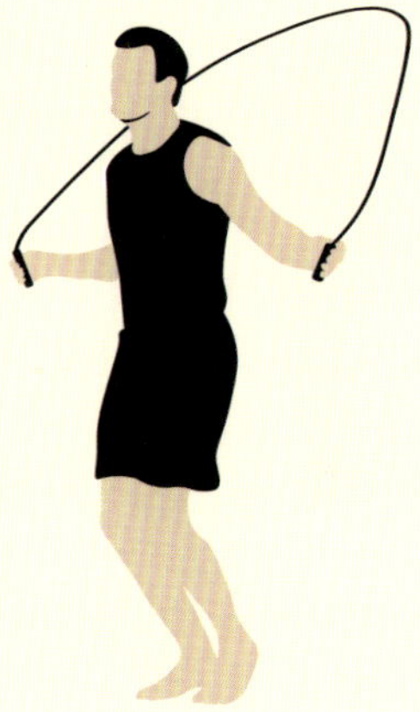

盡量以腳尖著地，且接觸地面的時間越短越好，這樣跳繩的轉速才會快，千萬別用整個腳掌著地。

腳接觸地面時間太長、或整個腳掌著地的話，你的腳踝會像是軟趴趴的彈簧，降低你跳繩的速度。如果不鍛鍊腳踝的剛性，那做任何運動時都會很慢。

跳繩常見錯誤二：跳太高

跳躍的上下幅度越低越好，別跳得太高（雙迴旋例外）。跳越低，就越像拳擊的腳步。拳擊手不會跳得太高，否則移動速度會變慢，重心也會上下震盪。如果你的身體重心在高處被打到，很可能站不穩，或者被往後推。所以在跳繩時要訓練自己，跳得越低越好！

三種自主訓練

影子練習

影子練習，簡單來說就是揮空拳，英文稱為 Shadow Boxing。影子練習是拳擊手的必備訓練，有許多好處。除了可以鍛練各種動作的流暢程度，也可以在揮拳時想像你的對手，進行假想的攻擊跟閃避。沒有要比賽的人，也可以藉由空拳訓練快速燃脂、雕塑體型！

影子練習是很推薦的拳擊自主訓練，而且依照著重的部分，會有幾種不同的練法。以下是我常做的三種影子練習。

對照鏡子，注重姿勢與節奏

對初學者來說，照鏡子調整自己的姿勢是必要的。在鏡子前，想像有一個跟你一樣高的對手（拳擊有分量級，所以你的對手體型八成會和你差不多）。這樣的影子練習，你可以調整自己的姿勢，還有攻擊高度。例如，幫助你養成瞄準對手人中或下巴附近的習慣。

如果你要做腹部攻擊，則可以瞄準假想對手的肝臟，或橫膈膜的部位並在鏡中檢查動作。

另外，透過鏡子前的影子練習，你也可以用來改掉自己的壞習慣——像是出拳時，後手是否會掉下來？是否忘記保護下巴？迎擊時，頭部有沒有確實閃躲？鉤拳時，身體有沒有帶力、髖部有沒有轉動？或者都在用手在出力？這些細節，都可以在鏡子前好好調整！

想像對手，見招就拆招

在備賽階段，如果你找到對手的練習或對打影片，就可以觀察對手的習慣，並在腦中想像對手來做練習。

舉例來說，你觀察到對手出拳很喜歡只出單拳，而且很高機率會是單顆左拳，那你可以開始思考，該如何對付他的左拳。透過影子練習，想像對手突然對你出左直拳，這時便能想出很多應對的方式。例如，你可以用後手過肩直拳來迎擊，在他出刺拳的同時，用右直拳直接越過他的左拳，攻擊他的頭；你也可以用左拳迎擊肚子，這是最簡單實用的，但記得頭部要向右偏移；又或者，你可以對他的前手做「閃躲—反擊」。經過這麼多的思考與應對練習，待你走上擂台，看見對手做出你反覆思考的相同動作，一定會很開心！

假如對手習慣攻擊腹部，那你可以透過想像，多練習對他的腹部攻擊做出反擊。想像他是很愛做肝臟攻擊的對手，你就可以練習用右手阻擋，再用右上鉤拳反擊。

知己知彼，百戰百勝。每個選手一定有自己的習慣，如果你非常了解你的對手，那等於是贏在起跑線！

快慢交替，訓練體能

影子練習也能作為體能訓練，我的教練阿肯就用過這一套特別的方法來訓練拳擊手。

在一回合三分鐘的時間內，教練會喊「快」還有「慢」，當他喊「快」的時候，我們就要打出最快速、最有力的空拳，像是一波瘋狂攻擊。而當他喊「慢」的時候，我們就回到正常節奏，移動、出拳、防守，然後趁機休息。

「快」的節奏大概會持續五到十秒，而「慢」的空檔大概會持續二十秒。這樣快與慢的對比，非常像是真正比賽的節奏——全力一波攻擊後，然後遊走、觀察對手並等待恢復體力，然後找到機會再進行一波進攻，如此循環。

沙袋訓練

Chapter 9

在拳擊的世界中，沙袋不只是裝了沙的袋子。打沙袋，是自古以來每位拳手必經的重要鍛鍊。打沙袋有著大學問，像是沙袋大幅晃動、攻擊距離怪怪的、連拳不好出……都是常見的新手罩門。本章將從基本的觀念開始，告訴你沙袋的真實用途、養成正確習慣的沙袋訓練法，以及如何讓這個古老的訓練器材，成為你拳擊之路上的忠實助手。

各類型沙袋

沙袋練習不只能訓練出拳的熟練度，還能加強體力與破壞力。此外，在一人訓練、沒有夥伴的情況下，沙袋也是一種很好的替代訓練方式。

拳擊的基礎拳路有六種，可以打擊的位置包括頭部、身體中央，以及兩側可。為了讓拳擊手的練習更到位，市面上有許多種類的沙袋，以下是大致的幾種分類與特色。

名稱／類型	特色
基礎懸掛式沙袋／懸吊式	重量中等，適合用來練直拳和左右鉤拳，腹部攻擊。因重量中等，若有「推」的動作，沙袋容易劇烈晃動，因此也可以用來測試自己是否「推」的行為太多。
重型沙袋（Heavy Bag）／懸吊式	非常重，適合用來全力重擊，可用來練直拳和左右鉤拳，腹部攻擊
直立式沙袋／直立式	方便，在家裡不用打洞、鑽孔就能用。
上鉤拳沙袋／懸吊式	形狀是圓形的，可以克服直立式沙袋和懸掛式無法打上鉤拳的問題。
壁靶／安裝在牆上	可以用來打直拳，左右鉤拳以及上鉤拳。缺點為一旦固定，就釘在牆上了。而且打在牆壁上可能會產生噪音。

打沙袋，距離是關鍵

新手打沙袋，常常犯兩個錯誤，第一個就是沒有控制好距離。不同的拳種，都有自己威力最強的距離，要在最佳距離才能產生最大的力量。第二個錯誤就是沒有腳步移動，打沙袋時要想像自己是真的在對打。平常是怎麼訓練的，比賽就會產生一樣的結果。假如平常都不移動，在比賽時你大概也會原地不動，很容易成為對方的肉靶！

以直拳為例，最佳的攻擊距離，就是你的拳頭能夠伸直時的打擊距離，因為太遠的話打不到，但如果太近的話，拳還沒伸直，才加速到一半就撞到沙袋，這樣攻擊力就大打折扣。如果沒伸直就打到沙袋，會有推沙袋的感覺，造成沙袋的劇烈晃動。

對鉤拳來說，攻擊距離會比直拳還要更近，因此需要向前踏一小步。平常揮空拳練習時，鉤拳會打到中線就停止，打沙袋時也是一樣，不要有推沙袋的動作出現。

而在打沙袋時，切記要做好腳步移動，平常要位於出拳沒辦法打到沙袋的距離，當你要攻擊時，再踏進去打。如果你的位置不用前進，卻能打到沙袋，代表這是個危險距離。在實戰時，就是雙方彼此都能攻擊到對手的距離，對手如果攻擊你，你反應時間會很少。

所以打沙袋時，一定要養成習慣，平常維持出拳打不到沙袋的距離，當你要攻擊，踏進去打，打完以後再拉回安全距離。

圖 9-1：打沙袋時的距離，上圖為無法發力，下圖為可以發力

沙袋為什麼一直晃？

新手擊打沙袋時，時常發生才沒出幾拳、沙袋就晃動到沒辦法打的問題。這時有可能是懸吊的長度不對，導致沙袋重心太低或太高，不過，多半還是因為發力方式的問題。相信你也看過許多拳王練習的畫面，這些專業拳擊手在打沙袋時，沙袋的晃動是非常小的。威力最強的拳，伸長後會恰巧打入沙袋表面一些。如果你一拳打下去，沙袋晃動劇烈，代表有推沙袋的動作，這是一定要避免的。

把拳頭送出去是一個加速的過程。我還是新手時，為了更能感受「出拳」，無意識地讓拳頭在加速到一半時，就已經碰到沙袋，即產生了「推」沙袋的行為，但這其實是壞習慣。為什麼不該推沙袋？因為拳頭的速度越快，破壞力就會越強。推沙袋就表示，你的拳頭在接觸到目標時還沒加速到最快，所以出拳過程有很大部分的力氣都浪費掉了。

如果你一出拳，沙袋都會有劇烈的晃動，那可能是太近了，你可以**嘗試將攻擊距離拉遠一些**。這樣調整之後，很多人都發現原來自己的攻擊距離可以更長，並且有效減少沙袋晃動的幅度。

兩種沙袋訓練

打沙袋跟打手靶的訓練不同。沙袋有一定重量，打上去的感覺很沉，不但要比較講究施力，也要維持良好的姿勢，否則打完會重心不穩。沙袋具有一些特性，可以幫助你做不同的練習。以下介紹兩種我最常用的練法。

基礎訓練：輕重分配，平衡速度與力量

沙袋訓練有個重要功能，就是提高你攻擊的威力。不過，你並不需要整個回合、每一拳都全力重擊。打沙袋常見的錯誤，就是每一拳都卯足全力。我們在打三顆以上組合拳時，特別要注意輕重的分配。以「刺拳—後手直拳—前手鉤拳」組合拳為例，三顆如果都用全力打，那動作勢必會比較僵硬，整體的速度也會變慢。力量多少會犧牲速度，反之亦然。

組合拳有個重要觀念：前幾拳是用來鋪陳、欺敵用的，只有最後一、兩顆拳才是用來重創對手的。回到「刺拳—後手直拳—前手鉤拳」，你可以前兩拳打得輕、速度快，到了第三顆的前手鉤拳再用力灌進去！

結合上述觀念，打沙袋也能像打比賽——上下攻擊的搭配，攻擊之後做遊走，並時不時地做假動作，一波接著一波，讓你的訓練盡可能接近比賽的模式。當然還有近身戰。近距離攻擊也一樣，打肚子和打頭交替，前幾顆拳打輕打快，吸引對手注意力，最後一兩顆才下重拳。舉例來說，「前手上鉤—後手上鉤拳—下段前手鉤拳」，重點在於第三顆鉤拳打肚子，前兩顆打頭部的不須太用力，用速度轉移對手注意力即可。

我做基本的沙袋訓練時，通常也會配合比賽的模式。假如比賽是打三分鐘、三回合，那我在沙袋練習時就會一樣打三分鐘、三回合。

高強度間歇訓練：增加拳重、訓練體能

前面的練習，是透過輕重分配來平衡你整場比賽的速度與力量，以下的練習，則是在短時間內做出全力攻擊，來增加你的拳重和體能。

一個人的拳重，不只關乎個人的基礎力量，也跟協調度有關。打沙袋恰巧能訓練你全身發力的感受度，讓你學會用髖部發力，把身體的力量傳導、灌注在拳頭上。

以這樣的訓練目標來看，我會做一個短時間、全力攻擊的訓練。每一組攻擊十秒、休息二十秒，做八到十二組。在攻擊的十秒之中，無論是直拳，鉤拳都可以，但每一顆都要用全身的力量打出去。這個練習一定會讓你非常累；至於休息，並不是真的坐在地上休息。在休息的二十秒之中，你要用腳步做遊走，雙手也拿好防禦，模擬比賽時的樣子。千萬別養成壞習慣，像是忘了移動、雙手放下。

這種訓練方式的強度非常高，如果你在備賽，這絕對是提高體能的一種理想方式，需要投入的時間很少，卻非常有效率！

要做好沙袋練習，其實需要一些自覺。有些人太在意力道，會忘了保持最完美的距離；有些人靠得太近，導致「推」的動作，連續出拳便讓沙袋的劇烈晃動。也有些人忘記防禦，後手無意識地放下，忘記保護下巴。又或者，前手出拳沒有沿著相同軌跡回來，而是直接掉下去，讓防守出現很大的空檔，到了實戰就很容易被對手反擊。

另外，沙袋練習也有缺點，因為大部分沙袋都沒有辦法打上鉤拳。如果平常都是藉由打沙袋來練習，可能會忘掉還有上鉤拳可以出，這樣你就會比對手少了一種好用的工具！

如果打沙袋漫無目的，那就缺乏深度、難以令人進步。對我來說，理想的沙袋練習是「刻意練習」。最好在每次的練習中，都要想好這一次的練習目標。舉例來說，你可以想：我要在這次練好「刺拳—後手直拳—下段前手鉤拳」，所以我要在擊打時好好感受身體的旋轉，將身體的力量透過拳頭有效地送出去。一開始動作慢沒關係，確實才重要，多經過幾次訓練，你將會越來越熟練、快速。做好刻意練習，避免上述的缺點，就能在你的沙袋練習中不斷進步。

示範影片

第 9 章：沙袋訓練

1. 打沙袋的距離

拳擊手的體能訓練

Chapter 10

隨著運動科學的進步，各種運動都能找出有效而安全的訓練，用於提升體能與運動表現。拳擊的經典訓練加上正確的健康科學觀念，不但讓現代的許多拳手提高表現，也增加比賽的可看性。

不過對一般人來說，為了訓練體能自己摸索會耗神費心，但要找個專業教練幫自己訂作專屬菜單也不容易。本章將告訴你拳擊之路上一些很有用的觀念，讓你把時間跟體力花在刀口上。

拳擊手的體能常識

要為專項運動找到體能訓練的大致方向，除了先了解這項運動的特性，也要知道不同訓練法的功能性。每種運動，都會使用不同的能量系統，而哪種能量系統會佔據主導地位，則取決於運動的強度與時間。例如，馬拉松和百米衝刺的能量系統就完全不同，所以需要的訓練也不會相同。以下列出人體的三大能量系統，並簡單說明對應的運動型態：

系統	介紹
磷酸肌酸系統	在五到十秒用盡全力的運動，如一百公尺衝刺、舉重、跳躍，或全力出拳等。
乳酸系統（醣解系統）	乳酸系統也能在很短的時間內提供能量給肌肉使用，尤其是磷酸肌酸系統沒力時，就會切換成乳酸系統。主要用在中等至高強度運動，持續時間約十秒至兩分鐘。
有氧系統（粒線體呼吸系統）	在長時間，低強度運動佔據主導地位。如長時間的慢跑、游泳、騎腳踏車等。

簡單來說，從事短時間的爆發力運動，如一百公尺短跑，你會需要訓練磷酸肌酸系統；從事間歇性為主的運動，如籃球或四百公尺短跑，需要集中在醣解跟有氧系統；而如果從事的是馬拉松等耐力運動，那你就必須把重心放在鍛鍊有氧系統，以提升有氧耐力。

打拳擊，基本上由多次高強度和爆發式的許多動作所組成，並穿插中低強度的間歇性休息，所以重複運動的能力會顯得很重要。在訓練方向上，主要目標可以設定為提升耐疲勞能力、恢復能力，以及持續高強度輸出的能力。也因此，我較常做的體能訓練以短時間、高強度為主。接下來，將介紹幾種訓練的實際操作方法，將有助於提升你的運動能力，你可以自由加入自己的訓練計畫。

衝刺訓練

大家對拳擊手訓練體能的普遍印象，一定包含了跑步。不過正如前述，拳擊畢竟跟馬拉松使用不同的能量系統，所以在訓練的功能上並不是跑越多越好。這裡介紹的衝刺訓練，是我認為比較符合拳擊所需的訓練。

八百公尺與四百公尺的衝刺訓練，可以顯著提高你在拳擊上的體能和恢復速度。這種訓練非常累人，但相對地，會對體能提升非常有幫助。以下是具體的訓練方案和建議：

八百公尺衝刺

①衝刺八百公尺三趟，每趟之間休息三分鐘。

②我會要求自己每趟都在三分鐘內完成。雖然每個人的跑速不同，但盡量在訓練過程中跑得越快越好。

四百公尺衝刺

①衝刺四百公尺三至六趟（依照自己的狀態調整），每趟之間休息一到兩分鐘。

②我會要求自己在一分十五秒內跑完四百公尺，即使狀況不佳也不例外。對於體重較輕、速度較快的選手，甚至能在一分鐘內完成。

兩者比較起來，八百公尺衝刺練到的有氧系統較多，四百公尺衝刺則主要是強化無氧代謝能力。

八百公尺在賽跑中，屬於中長距離項目，因此有氧系統在其能量供應中扮演重要角色，約五至六成的能量來自有氧代謝，其餘來自無氧代謝。人的無氧呼吸能力一般在一分鐘左右，而四百公尺衝刺的訓練時間，正好介於無氧與有氧的臨界點。這表示每一趟四百公尺衝刺訓練結束時，你的無氧系統會耗盡，但有氧系統又還來不及供應能量——所以跑完後會感覺虛脫，我認為痛苦度比八百公尺衝刺還要高。

我個人體重較重，跑速並不特別快，算是中等。但拳擊的跑步訓練需要用盡全力，在自己能力允許的範圍內，速度越快越好。我在做上面兩種衝刺訓練時，常常會感覺心臟快跳出來、手腳沒力。然而，定期做這些訓練確實讓我的體力迅速提升。如果你的體能不太好，不要過分在意時間，但一定要盡力跑，安全第一！

我每週會選一天進行八百或四百公尺的衝刺訓練。這樣能夠讓體能保持在良好的狀態，確保自己隨時都能夠上擂台。

慢跑訓練

我接觸拳擊的一開始，體力還很差，那時其實還沒辦法進行高強度的衝刺訓練。切記，安全第一，如果上面的兩種衝刺訓練，對現在的你來說還是超出負荷、做起來太痛苦，那建議你可以透過慢跑先建立起基本的體力。

我建議新手可以先從每次二十至三十分鐘的慢跑開始。這樣的時間長度既能加強心肺功能，也不會讓你負擔太大，等到習慣訓練量之後，可以再將時間拉長。頻率為每週三至四次，讓身體有足夠的時間適應和恢復。

慢跑有許多好處，可以提升你的心肺功能、增強肌肉耐力，以及控制體重。另外，慢跑還能加快血液循環，從而更有效率地將氧氣、營養物質輸送到肌肉組織，使肌肉能更快地補充修復所需的營養和能量，從而加速肌肉恢復。同時，這也有助於排除肌肉中的代謝廢物，如乳酸，以減少肌肉酸痛和僵硬。

不過，由於慢跑的能量輸出模式，跟拳擊比賽的並不一樣，加上我的基礎體能已經建立起來，所以我已經較少慢跑，通常是兩週或一個月安排一次，每次跑十公里，用於加速恢復與控制體重。

沙袋訓練

沙袋訓練是一種能全方位提升拳擊實力的訓練方式。通過模擬比賽節奏的訓練，以及高強度間歇訓練，不僅能提高你的攻擊技術和防守意識，還能加強你的體能和爆發力。下述兩種練習，基本觀念跟第 9 章所介紹的相同，此處則多著墨實際訓練上需要特別注意的一些事項。

訓練一：自由打擊

模擬比賽，訓練比賽時的攻擊模式。請注意以下的重點。

①設置計時器：每回合三分鐘，共三回合，回合間休息一分鐘。

②模擬比賽：將訓練過程當成正式比賽來進行。開局時先控制好距離，準備攻擊時迅速跳進去打一波組合拳。如果你是遠距離型選手，可以嘗試打兩波攻擊。

③保持高攻擊頻率：比賽中，你需要保持高攻擊頻率和大量重拳，因此在訓練中也要盡量模擬這種情況。

訓練二：全力攻擊

這種訓練方法側重於高強度間歇訓練，提升爆發力和體能。
請注意以下的重點。

① 設置計時器：每十秒為一組攻擊趟次，每趟間休息二十秒，共十二趟。

② 全力攻擊：每次計時器響鈴時，全力攻擊沙袋十秒鐘。攻擊期間要盡量保持最高強度，模擬比賽中的爆發性攻擊。

③ 移動和遊走：攻擊完十秒後的二十秒休息時間，不是完全休息，而是進行移動和遊走，尋找攻擊機會，這樣能更接近比賽實況。

沙袋練習注意點與常見錯誤

★ 養成使用計時器的習慣。可避免偷懶心態，並提高訓練的專注度和效果。如果沒有專業計時器，也可以用手機的 APP。

★ 保持防禦意識：沙袋不會攻擊，所以會使人鬆懈、放下雙手的防禦，若長時間沒注意，將容易養成壞習慣，增加賽時被擊倒的風險。

★ 保持積極移動：沙袋不會移動，容易讓你也忘記移動。打沙袋時若不時時提醒自己要積極移動，也會養成壞習慣，結果賽時體力消耗過快。

如果你參加的比賽，不是三分鐘三回合制的，那你就應該在賽前的沙袋自由練習，調整時間和回合數。而進行全力衝擊的時候，也應該評估自身狀況與需求，來調整每趟的攻擊時間、休息時間和總趟數，確保訓練適合自己的實際情況。

要時時留意訓練時的常見錯誤，保持防禦意識和移動，才能產生最棒的訓練。根據比賽的需求，靈活調整訓練計劃，能讓你在擂台上發揮出最佳水準。

定期訓練，發揮你的拳擊天賦

拳擊這項運動，需要高度的體能和技術。選手在比賽中的高壓環境下，如果缺乏長期訓練，體能必然會迅速下滑，最終因為疲勞而落居劣勢。因此，定期的體能訓練對於提升運動表現至關重要。體能不佳的話，技術就算再好也無法充分發揮。我見過一些技術優秀的選手，過度依賴自身天賦，不喜歡做體能訓練，結果，他們在比賽的後段往往會顯得狼狽，甚至被對手逆轉。

我曾於二〇一九年擔任國手，在左營國家訓練中心接受訓練。在國訓中心，我們每天進行兩次訓練，每次一點五至兩小時，週一到週五不間斷，週六早上則是實戰日，以比賽規格進行對打。

週一到週五的訓練可分為三類：技術訓練、力量訓練和體能訓練。技術訓練包含空拳、手靶和對打；力量訓練則是重量訓練，主要包括深蹲、硬舉、臥推和腿推，輔以其他輔助訓練；體能訓練則以衝刺訓練和沙袋衝刺為主，幾乎不做慢跑。

當然，一般人不太可能像國手一樣，能有密集訓練的時間，但如果你想要在拳擊上有所突破，一樣能參考以上專業選手的訓練概念——依照技術、力量和體能這三類項目，來安排自己的訓練課表。如果一天可以進行兩次訓練，盡量不要安排同類型的訓練；如果一天只能訓練一次，則建議隔天更換訓練類型，避免連續兩天做相同的訓練。

參賽吧！你的拳擊手之路

Chapter 11

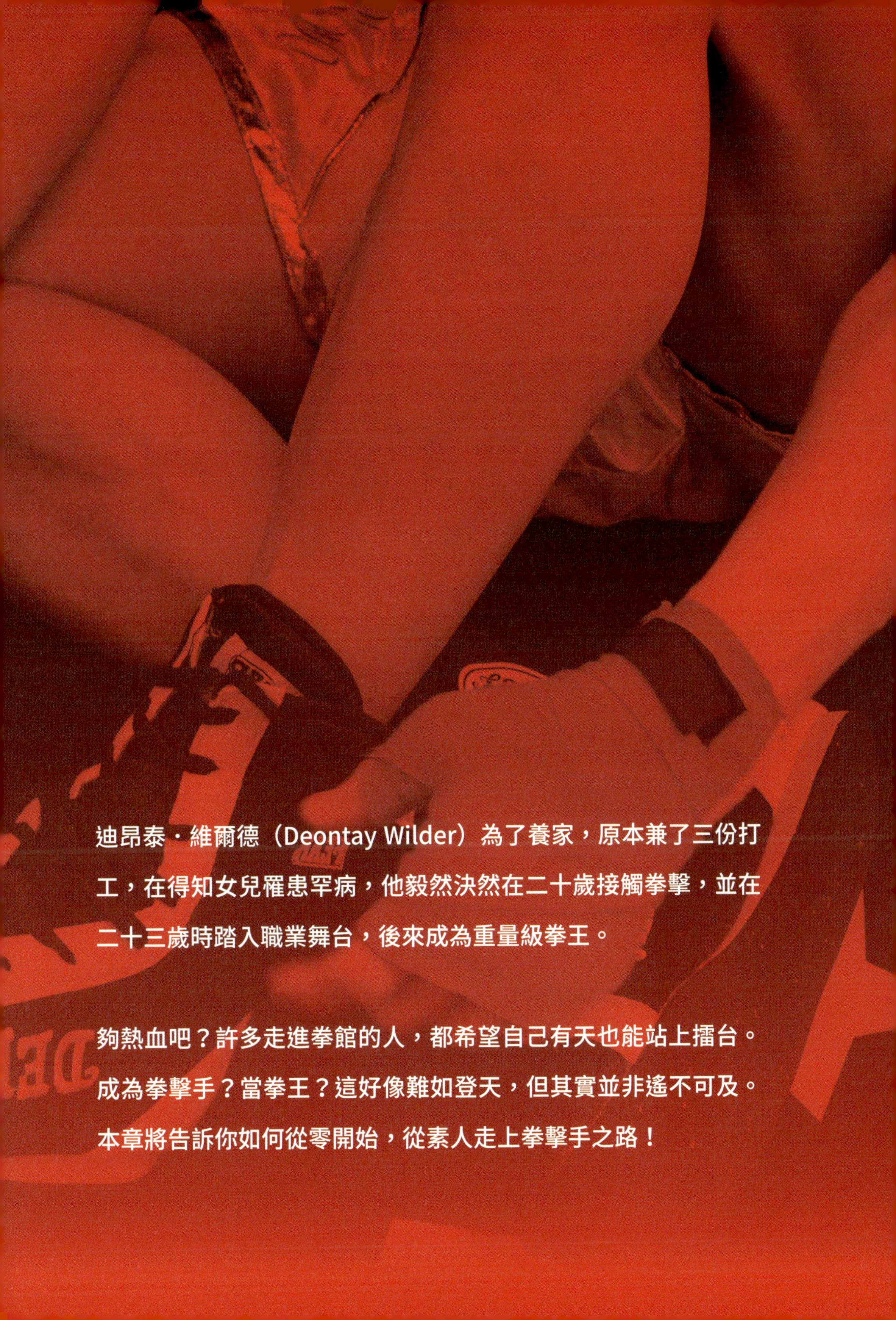

迪昂泰・維爾德（Deontay Wilder）為了養家，原本兼了三份打工，在得知女兒罹患罕病，他毅然決然在二十歲接觸拳擊，並在二十三歲時踏入職業舞台，後來成為重量級拳王。

夠熱血吧？許多走進拳館的人，都希望自己有天也能站上擂台。成為拳擊手？當拳王？這好像難如登天，但其實並非遙不可及。本章將告訴你如何從零開始，從素人走上拳擊手之路！

業餘？職業？先弄懂兩種賽制

如第 1 章介紹的，拳擊有兩種賽制，分別是業餘賽跟職業賽。光看名字可能會有誤解，以為職業賽才厲害。其實業餘賽根本不業餘，還是許多拳手的拳擊生涯起點。從拳館間的小比賽、俱樂部盃到奧運等國際賽事都是業餘賽，不能貿然斷定職業賽的選手比較強。兩者的主要差異在於規則和過磅策略，以下大致說明。

業餘賽一回合打三分鐘，共三回合。拳套比較厚、保護性高，不容易見血，也較不容易發生擊倒，大多數都會打完整場比賽，最後交給裁判判分。

自從二〇一六年里約奧運後，成人男子組的業餘賽制就不再戴頭盔了，除了是為了讓選手與職業賽制接軌，有研究提出了一些觀點：頭盔會影響視線，讓拳擊手無法有效躲閃，頭盔也讓頭部成為了一個更大的受攻擊目標，雖然可以減少對頭和皮膚的直接傷害，例如割傷、瘀青和外部創傷。然而，頭盔對預防腦震盪的效果較為有限。但目前女子組的業餘賽制仍然要戴頭盔。

職業賽一回合也是三分鐘，但總回合數較多，有四回合、六回合、八回合、十回合、十二回合幾種。由於比賽時間較長，選手需要保留體力，攻擊的節奏和頻率會比較低。此外，職業賽為了增加可看性，對選手的保護較少，職業賽的拳套通常較薄、版型也屬於殺傷力比較強。相對於業餘拳套前端較圓較厚，職業拳套更注重比賽的可看性，所以除了保護少，也大多使用小盎司數的拳套，對選手的保護性低——簡單來說就是容易見血。在這種狀況下，只有一方抓到空檔，就有機會造成擊倒。對想看「大場面」的觀眾來說，職業賽的可看性會比業餘賽高。

那麼，你的拳擊手之路該從哪裡開始？

一點都不業餘的業餘賽

一般來說，拳擊愛好者最早接觸到的比賽機會，都屬業餘賽制。在臺灣，要參加正式業餘賽，需要有中華民國拳擊協會核發的選手證；許多較小的比賽（非正式業餘賽）則不需要選手證，只要有教練推薦、簽名就可以參加。

至於職業賽，許多人的認識可能是基於國際知名的拳擊手、電影或漫畫，但真正的職業賽都會登錄在 BoxRec 網站。有些比賽號稱是職業賽，其實只有規則是職業賽的規則，只能稱作是職業規則的業餘賽。

想參賽，先讓我們從業餘賽制的比賽說起，以下按規模分為四種層級：

· 如：奧運、亞錦、世錦

· 如：總統盃、全運會

· 如：台北市中正盃、桃園市市長盃

· 如：館內賽、交誼賽

如果你剛接觸拳擊，想給自己設定比賽目標，建議先從不需要選手證的小型比賽開始。小型比賽通常是地方的拳館舉辦，參賽選手多為拳館或俱樂部的成員，比賽強度較低。舉辦目的通常是要給學員體驗比賽，大部分小比賽的賽制是兩分鐘三回合，對體力的要求較低。通常要奪下小型比賽的冠軍幾次以後，再打中高階的比賽。

區域性比賽（如台北市中正盃、桃園市市長盃拳擊錦標賽等）屬於正式的業餘賽制，會打三分鐘三回合，通常由地區的拳擊協會（如台北市拳擊協會）舉辦，參賽選手大多數是俱樂部的學員，但偶爾會出現科班生，使得強度比小型比賽高許多。科班生指的是受過正規專門教育的拳擊手，其中有許多人從國中就開始念體育班，並且持續訓練到大學。一般拳館訓練出來的選手，第一次遇到科班生，幾乎都會被 TKO 而提前結束比賽。

全國性比賽（如總統盃、全運會等）由中華民國拳擊協會舉辦，基本上都是科班生參賽，強度又更高於區域性比賽，而少數參賽的俱樂部選手，就像誤入叢林的小白兔，能打完整場就值得嘉獎！沒有練到一定程度就參賽，是有可能受傷的。參加全國性比賽有個特殊好處，就是如果獲得前三名，隔年就有資格參加國手選拔，而在國手選拔賽中成為冠軍就能擔任國手。

國際比賽是最高等級的比賽，例如亞洲錦標賽、世界錦標賽、亞洲運動會，以及奧運。近年來臺灣選手開始在國際上嶄頭露角，女子拳擊黃筱雯在二〇二一東京奧運獲得銅牌，成為臺灣史上第一人！而在二〇二四年巴黎奧運的拳擊項目，臺灣共有六位選手取得參賽奧運資格，女子代表隊有五四公斤級黃筱雯、五七公斤級林郁婷、六十公斤級吳詩儀、六六公斤級陳念琴；男子代表隊有六三點五公斤級賴主恩，以及七一公斤級甘家葳。最終，林郁婷獲得金牌，吳詩儀和陳念琴獲得銅牌，真的是舉國歡慶，為臺灣拳擊立下一座里程碑！

累積戰績，成為職業拳擊手

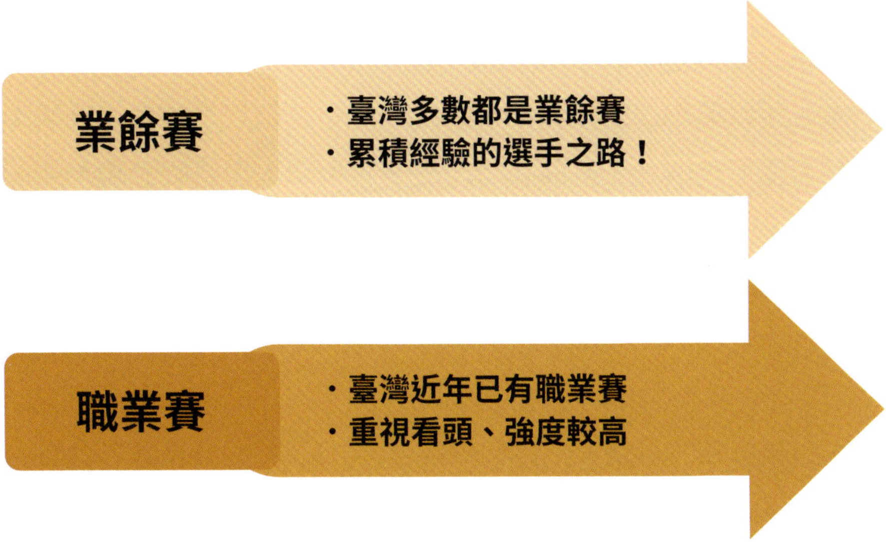
業餘賽
・臺灣多數都是業餘賽
・累積經驗的選手之路！
職業賽
・臺灣近年已有職業賽
・重視看頭、強度較高

正如前一小節介紹的，臺灣大多數的比賽都是業餘賽制，如果你想在擂台上找到自己的一片天，我會建議你以下的破關路線：從俱樂部的小型比賽開始，獲得幾次冠軍後，挑戰區域性的正式業餘賽，同樣拿下幾次冠軍之後，再挑戰全國性的業餘賽。到這裡，你已經累積了一定的全國比賽經驗，就算是拿到職業拳擊手的入場券了。

除了賽制不同，職業拳擊的商業味道重很多。比賽方會有售票壓力，是以營利為導向；拳手則以個人作單位，配對主要由經理人洽商，所以會確保對決有一定強度，才會讓觀眾看得熱血沸騰、叫好叫座。也因此，目前臺灣的職業賽選手大多是從表現不錯的業餘選手中遴選。如果你想成為職業拳擊手，也請遵循上面的建議：從業餘賽打起，累積經驗和戰績，讓自己慢慢被看到，機會就會自然出現！

絕大多數知名的拳擊手，例如梅威瑟、「GGG」甘納迪．戈洛夫金（Gennady Golovkin）、以及阿圖爾．貝特比耶夫（Artur Beterbiev），都是從業餘練上來的。如果你想的話（笑），我建議可以先在業餘賽上打好基礎，累積比賽經驗，為未來的職業生涯做好準備。

近幾年來，臺灣拳擊也開始有主辦單位舉辦職業賽，最早將職業賽系統性引進臺灣的，是獲得 WBO 授權舉辦職業賽的 First Drop。

二〇二二年，First Drop 就舉辦了一場「WBO 羽量級環球腰帶拳王賽」（WBO Global Feather），屬區域型的拳王腰帶，由臺灣知名拳手利育哲對決日本拳手杉田大祐。利育哲在第九回合擊倒對手，在十回合結束以比分獲勝，成功拿下 WBO 羽量級環球拳王頭銜，將冠軍腰帶留在臺灣。

利育哲是由業餘轉戰職業非常好的例子，他長年在業餘賽制磨練技術，多次獲得全運會等全國大賽的冠軍，也曾擔任過國手出征過亞運，因此利育哲培養出非常好的技術和體力，是成為職業拳擊手的一個完美典範。

另外，另一個組織「鍇睿格鬥冠軍賽」（Carry Fighting Championship）在二〇二四年有也同樣引進職業賽制。他們定期舉行比賽，還會每個月付給職業拳擊手營養金，讓選手能專心訓練，如各位對於參加職業賽有興趣，也可以參考他們的官網。

那麼，職業拳手是真的職業，還是繼續上班？這個問題也是很多朋友會問我的。我認為頂尖的「業餘」選手反而比較像「職業」選手，他們通常都是國手，常駐在國家訓練中心，練拳就是他們每天的工作。國家會給予津貼並提供食宿。職業拳擊手則相反，只有參加職業賽時才能拿到獎金，加上起初的獎金通常不多，所以都需要身兼二職甚至多職。像是日本拳王木村翔就在荒木運輸公司打工，每天早上七點開始工作，下午兩點下班，休息到晚上六點之後就會去拳館訓練，時間是三、四個小時，只有週日才能休息。

只有到達職業拳王等級，才有機會靠打拳維生。不過，也有些拳王因為出場費不夠高（出場費通常跟人氣有關，因為人氣高、票就賣越好），需要身兼二職。

賽前減重：飲食控制與脫水

確定參賽量級、賽前減重、過磅都是賽前的大事。這邊先講過磅，因為這會直接影響選手的體重計畫。

過磅在職業賽和業餘賽上，有很大的差別。

業餘賽制通常會在當天早上約八點過磅，中午後就開始比賽，由量級輕的開始。業餘賽制採單淘汰賽，選手可能會連續打好幾場——如果打贏了要繼續比賽，就需要再次過磅。所以可能會有連續兩天要過磅的情形。也就是說，業餘賽制的恢復時間很短，無法大量減重。

職業賽制只會打一場，選手過磅完隔天才要比賽。由於恢復時間高達二十四小時，所以職業拳擊選手都會藉由脫水大量減重，過磅完畢後再補充水分和電解質。只要恢復時間夠長，身體狀態就能回到脫水之前。畢竟有些選手的技術已達頂尖，能加強的地方就在於體型和力量。

過磅的過程，也包含了一系列的賽前檢查。以業餘賽來說，比賽當日會先進行體檢。早上測量心跳血壓，若血壓過高就無法參賽，通常會叫你先去旁邊冷靜再測。接著醫生會評估你的身體狀況，問你是否有舊傷，例如近期是否有過腦震盪，都通過以後才會進行過磅。

每位選手都會想把體重維持在量級的頂端，並保有最好的身體狀態。不同的比賽有不同的量級，舉例來說，一名男性選手的體重如果是七八點三公斤，以二〇二四的奧運規則，歸類在第五量級。不過，比賽報名時就已經決定好量級，無法在當天更改，所以如果體重落於量級的區間以外，就會失去參賽資格。

也因此，選手為了得到更多優勢，通常會選擇減重。舉例來說，我平常的體重是八二公斤，在第六量級（八十至九二公斤）中幾乎是最輕的，所以賽前我會嘗試減重兩公斤，讓自己剛好落在第五量級（七一至八十公斤）。在第五量級中，我的體型會變得相對壯碩，於是取得了競賽優勢。

奧運拳擊量級表	
男子組	女子組
第一量級（蠅量級）	第一量級（輕蠅量級）
46.01-51.00 公斤	50.00 公斤以下
第二量級（羽量級）	第二量級（雛量級）
51.01-57.00 公斤	51.01-54.00 公斤
第三量級（輕次中量級）	第三量級（羽量級）
57.01-63.50 公斤	55.01-57.00 公斤
第四量級（輕中量級）	第四量級（輕量級）
63.51-71.00 公斤	58.01-60.00 公斤
第五量級（輕重量級）	第五量級（次中量級）
71.01-80.00 公斤	61.01-66.00 公斤
第六量級（重量級）	第六量級（中量級）
80.01-92.00 公斤	75.01 公斤以上
第七量級（超重量級）	
92.01 公斤以上	

（不同組織的賽事量級略有不同）

減重分成兩個階段，以下我將提供一些觀念與建議。

· 第一階段：透過飲食、訓練來降低自然體重。

· 第二階段：脫水（通常是最後一兩天才開始，長期少喝水會造成代謝降低等反效果）。

飲食控制

在第一階段的飲食控管，選擇要吃什麼非常重要。不論是職業賽或是業餘賽，建議在賽的前三個月就可以開始調整。

簡單概括，是以蛋白質、脂肪、纖維，以及自然型態的碳水化合物為主，但在後期會稍微減低碳水化合物的攝取，少吃垃圾食物，尤其是精製糖、油炸物與重鹹的食品。碳水化合物和鹽分會鎖住水分，所以我在最後一週都會盡量避免碳水和鹽分，以確保脫水過程順利。

營養素	說明與建議
蛋白質	蛋白質的攝取上，我主要吃雞胸肉，有時搭配高蛋白粉。因為雞胸肉的蛋白質含量高，有助於維持肌肉質量和促進肌肉恢復，熱量低、吃起來又有飽足感，適合用來製造熱量赤字。另外，雞胸肉含有多種維生素和礦物質，如維生素 B6、B12、磷和鋅，這些對於能量代謝和免疫系統的正常功能都很重要。

營養素	說明與建議
脂肪	很多人都害怕脂肪，但其實它是人體必備的營養素。體脂肪過低會導致賀爾蒙失調，除了降低運動表現，還容易使脾氣暴躁，嚴重點會讓女性停經——這些風險在健美比賽更為常見。而且某些維生素，如維生素 A、D、E 和 K 是脂溶性的，需要脂肪來幫助吸收。所以除了肉類本身有的脂肪，我還會額外吃一些優質脂肪如魚油來補充。
碳水	碳水可以提供能量、做肝糖儲備，對高強度運動尤其非常重要。一般來說，應該選擇複合碳水，如全穀物、水果和蔬菜，而不是精製糖和加工食品。 不過，碳水吃太多會使體重增加，甚至讓你超出量級。我進入備賽期，就會稍微減少碳水的攝取。由於每克糖原（肝醣）會攜帶約四克水，所以攝取碳水會導致體內水分增加，於是增重。而減少碳水攝取時，身體會先消耗儲存的糖原，這時也會同時釋放出水分。許多人減少碳水攝取的初期，會看到體重快速下降，其實主要流失的水分而非脂肪。
纖維質	多攝取可以增加飽足感，如水煮青菜。

我平時習慣吃很多蔬菜水果，但到了最後一週，如果還離目標體重有段距離，我會大幅減少碳水、鹽分和纖維的攝取。因為碳水和鹽分都會鎖水，蔬菜則是會有菜渣會停留在消化系統。在最極端的狀況，我最後一、兩天只喝高蛋白。

如果要斷食，一六八斷食法是我覺得最輕鬆的，也比較好讓人持續。只吃早餐和午餐，一天只有八小時是進食的狀態，利用空腹來加速燃燒脂肪和減重。

脫水

到了過磅前的最後一、兩天，如果體重還是下不去，就會加上脫水（我認為三%體重的脫水量，對於體能影響較小）。脫水降去的體重只有水分，等過完磅之後補充水分，體重很快就會回升。脫水控制得當的話，等於比賽時會更有優勢。

脫水的方法，可分為業餘賽制與職業賽制兩種。

先講業餘賽制的脫水，如前文提到，業餘賽制在有比賽的當天就需過磅，且過磅時間和比賽時間接近，所以恢復時間很少，不能夠大幅度脫水，避免狀態不佳。

業餘賽制的脫水幅度較低，我的技巧是：在平常訓練時，記錄經過一小時訓練之後的體重變化。我通常會掉一至一點五公斤，所以參加業餘賽制，我在賽前常常故意留一公斤的體重，過磅前先去輕鬆晨練，藉由脫水降下去。脫水把體重降下去，然後完成過磅後，就可以補充水分以及電解質，將體重恢復到正常的狀態了！

至於職業賽，因為恢復時間近二十四小時，所以脫水的幅度可以很大。首先，要確認自己的脫水能力，計算一日「靠流汗減去的重量」加上「飲食控制減去的重量」，即一日能減下的最多體重。

你可以先實驗穿外套或是減重外套跑步一小時，假設發現會流掉兩公斤的汗。再者，你根據過去的經驗，知道一整天不吃飯、少喝水會降兩公斤。這樣一來，代表你可以一天最多降四公斤的體重。你還可以利用科技，像是去烤箱或是泡熱水澡（可加浴鹽），都可以協助身體脫水，這些降了多少體重的數據，都需要詳細記錄下來。

不過，這只是粗略的算法。隨著飲食控制、自然體重下滑，你每天能減下的體重會逐漸降低，所以建議抓保守值。所以，假設你總共需減重六公斤，可以計畫先用飲食控制減去兩點五公斤，最後一天不吃加脫水，甚至加上進烤箱，共降三點五公斤。

上述的脫水方法，也是許多國外職業選手的做法，脫水在綜合格鬥更常見，常常聽到脫水十幾公斤的例子。如果打業餘賽，建議就別大量脫水啦！脫水太多，恢復時間如果不夠，可能讓你狀態極差，補水後甚至還無法恢復，大大影響場上表現。有些較極端的例子，脫水過多會造成內臟損傷，甚至直接翹辮子。

一般的說法是，脫水不要超過體重的三%，超過五%則有一定危險性。脫水超過三%可能會大大影響你的場上表現。所以用三%計算，一名體重八十公斤的選手，建議脫水不超過二點四公斤，而超過四公斤（80kg*5%）的話，過磅後的短時間就難以恢復狀態，有二十四小時恢復時間的職業賽才有辦法這樣做。

脫水的時間點取決於脫水的幅度。一般而言，我會在過磅前一天、或過磅前的幾小時進行脫水。大量脫水的話會在前一天就開始。

脫水時幾乎不會吃東西，嘴巴可能只碰一點點水，讓自己不要這麼痛苦。我還會穿減重衣去跑步，盡量讓身體多流一些汗。有時我也會去烤箱，可以快速流汗，但我每次去烤完以後狀態都不太好，需要一大段時間才能回復，每個人習慣都不同，可以自行調整脫水的方式。

賽前減重的唯一原則，就是安全第一。尤其脫水是有危險性的，所以在減重過程不舒服，一定要去看醫生。為了比賽減重，結果減到一命嗚呼，可謂得不償失。

賽前疑難雜症 QA

Q1　牙套呼吸不順？

一開始戴牙套會不習慣是很正常的，有些人還會感覺吸不到氣。不同廠商的牙套都略有不同，甚至同廠牌牙套，每次泡溫水咬合咬出來的形狀也不同。所以我有好幾副牙套，其中兩副咬起來最順口，是我最喜歡的。建議你也可以買兩、三組牙套來，挑一個口感最習慣的。如果還是真的很不舒服，那就只能在平時練習時也戴牙套，甚至在打沙袋時也戴，久了就習慣了。

Q2　平常戴頭盔練，比賽時會不會抓不到距離感？

我覺得戴頭盔一定會影響到距離感，尤其是護鼻式頭盔。這種頭盔防護性很高，會有一條硬的護臉在鼻子前面，但會讓你挨到很多沒那麼近、不該被打到的拳。你也可以用露臉式頭盔，不過為了保護安全，練習時一定要做好防禦，避免鼻子被打到受傷。

Q3　跟教練怎麼保持良好溝通？

要尊重教練的菜單，不要討價還價！如果對菜單有疑慮，也可以直接問教練，這份菜單是要訓練哪一部分？另外，在訓練前或訓練中，如果身體有任何狀況都要第一時間跟教練說。例如很常見的大腿拉傷，教練知道之後才不會繼續幫你安排衝刺的課表；或是對打完頭昏，代表你吃到太多拳、甚至有點腦震盪，這時一定要跟教練說，才不會再幫你安排對打。

Q4　作息很重要嗎？

作息非常重要，建議運動員都要休息七小時以上。因為在睡眠期間，身體會釋放生長激素，這是人體中肌肉修復和生長的關鍵。缺乏足夠的睡眠會減少生長激素的釋放，從而影響肌肉的修復和生長。另外，睡眠不足會導致注意力不集中和決策失誤，這對拳擊這項很吃重「腦袋」的運動來說，一定會影響選手比賽或訓練的表現。

Q5　過磅早上，比賽下午想睡覺怎麼辦？

會累就睡覺，我都會過磅完以後就先去吃東西和睡覺。賽前一小時再開始穿裝備，準備暖身。

Q6　抗打怎麼練？

一般來說，抗打只能練腹部的抗打。腹部除了可以做腹肌訓練，平常也可以請訓練夥伴來打你肚子。先從輕的拳開始，待你的抗打力提升後，再逐漸加重。

頭部是不能練抗打的，有這麼一說：下巴會越打越脆，所以頭部的抗打能力只會逐漸衰退。所以當你的頭如果受傷，最好的方法就是休養一陣子再說，等到完全恢復再做對打訓練。

Q7　上場前容易緊張，該如何轉移注意力？

所有人都會緊張，新手擔心對手比自己強，怕被打爆；老手時擔心表現不好，打輸不該輸的比賽。所以緊張非常正常，不是你沒用，而是因為你在乎這場比賽、你有期待、你想贏。

但如何將這份緊張變成能量？我的方法是：先讓身體熱起來，流汗。流汗後身體自然放鬆，心跳會快沒錯，但那是運動帶來的生理反應，並不是恐懼。不用怕緊張，但你要緊張得有方向、有目標，這樣它會變成你的一部分。也提供另外三個建議：

1. 給自己任務，進場前不想「我會不會輸」，而是「我第一回合要建立主控權，我要壓迫」、「讓他把防禦注意力移到腹部」。有任務之後，你就有方向，就不會胡思亂想。
2. 建立賽前儀式感：聽固定的歌、在臉上塗凡士林、或是做任何你的信仰象徵。這些東西會提醒你「準備好了」，也會讓你心靜下來。
3. 最後一個關鍵——接受緊張，別讓它控制你。我每次上場都還是有點緊繃，但我會告訴自己：這代表我在意這個比賽，腎上腺素會讓我表現得更好。

Q8　備賽時間有限，體能、技術、戰術要選哪個？

我會選體能。

技術的進步需要長時間累積，不可能一兩個月就有質變；而戰術雖然重要，但你體能不夠，知道怎麼打也做不到。

所以體能是最現實、最有效的投資。體能可以短期衝起來，提升心肺、耐力、輸出量，這會直接影響你在場上的輸出穩定性。你能打多久、能不能在該出拳時把握機會，都取決於體能。

戰術部分，時間允許的話我會做情蒐，了解對手的慣性動作、破綻與節奏，也重新審視自己最舒服的打法。但戰術的發揮也仰賴體能的支撐。備賽時間不夠，先把能撐住比賽的體能練起來，才是最務實的選擇。

Q9 怕打不完三回合，怎麼分配體力？

怕打不完三回合，大部分是因為你沒掌握自己的輸出節奏。除了體能不足，也可能是你把有限的體力不適當分配。我會建議從這三點下手：

1. **在第一回合多觀察**：先試探性出拳、觀察對手的反應與習慣，建立你自己的節奏，讓自己冷靜下來。很多新手上場太興奮，一開打就瘋狂攻擊，全力攻擊模式用的是無氧系統，大改一分鐘就會開始沒力了。
2. **控制呼吸、調整節奏**：很多人累是因為呼吸亂了。每一次出拳都要記得吐氣，新手大多會憋氣在打，而忘了要吐氣，這樣輸出一波後就缺氧了。

3. **抓時機再全力輸出**：比賽時是「攻擊—休息—攻擊」的切換，休息時間會略高於攻擊，而每回合大約只有幾次機會，是可以「全力衝一波」的，例如當對手被你打到頭噴起來、或被逼到角落，那時才需要全力輸出，否則能量消耗很快。

Q10 碰到比自己高的對手，怎麼辦？

如果對方的攻擊距離比你長，就少跟他打遠距離。高個對手通常都喜歡利用距離優勢。你如果一直站在他能碰到你、你碰不到他的距離，那這場比賽你會很痛苦。我的建議是：

1. 縮短距離的速度要快，而且要學會佔據擂台中央，逼迫遠距離選手跑來跑去。不要直線追進去，否則高個子選手用刺拳很容易把你頂在外面。可以嘗試橫向移動，要進攻時再縮短距離跳進去打。
2. 縮短距離後，攻擊的組合拳數量要多，如果只是一次只打一兩拳，由於對方比較高，很容易閃掉。通常都得兩三顆拳頭起跳，才有機會命中。
3. 抓時機打迎擊拳。對方出拳時是主動逼近你，所以在他出拳時閃躲並迎擊，就是最容易打中的時機。

4. 做腹部攻擊，降低對手的移動能力。高個子的頭不好打，相比於頭部，多做身體攻擊會容易許多，可以讓對手體力下滑，到了比賽後期他的移動速度降低，高個子的優勢就減少了。

Q11 碰到矮壯的對手，怎麼辦？

如果對方比你強壯，就不要和他拚拳，要打空間、利用自己的距離優勢。矮壯型通常重心低、爆發強、擅長貼身纏鬥，而且攻擊的轉速較高，你如果被他抓到近距離換拳，會非常吃虧。我的作法是：

1. 保持距離、多用刺拳得分，對方攻擊距離短，所以第一波攻擊對方通常較難打到你。
2. 打完以後可以繞開，不要直直的退，否則很容易被追到。
3. 出拳時要有被反擊的意識，因為對方在等著迎擊你。出拳時就要想著對方會同時攻擊，有了防守意識，被打到也不至於受太大傷害。
4. 假動作多做，騙對方出拳，在他出拳時做反擊。

Q12 我要怎麼在比賽前找到最佳打法？

建議你做這三件事：

1. 回顧自己過去的比賽，找出你當時打得最順的節奏，是壓迫型？反擊型？還是走位型？還有哪些拳路打得好，把自己的專長在做更多強化！
2. 問教練與陪練：你現在最穩的是什麼打法？別選你只練過一兩次、還不熟練的打法去比賽。
3. 很多人備賽都在看對手影片，根據對手改變自己的打法，但其實最重要的是你自己什麼情況下打得最好。可以根據對手去「微調」你的打法，而不是整個換掉。

特別感謝

Deep Fear Taiwan

· 拳擊／泰拳／綜合格鬥／踢拳擊／柔術 等格鬥用品設計研發

· 青少年拳擊公益平台 Boxing Giving 合作夥伴

品牌故事

Deep Fear——深度恐懼，是面向世界的格鬥用品品牌，生產線遍及台灣、巴基斯坦、泰國、日本到中國，由於獨特吸睛的設計概念，加上完整而貼心的售後服務，深受武術愛好者歡迎。此外，求變是 Deep Fear 的核心理念，一路走來，不斷接受客戶的建議，改良版型與材質，致力於打造最舒適的用品。

deepfeartw

https://www.instagram.com/deepfeartw/

近年，Deep Fear Taiwan 辦公室負責研發、改良既有產品線，並讓拳擊深入每個人的生活。Deep Fear Taiwan 在 2024 年贊助日本選手在東京後樂園的職業賽，首度在日本拳擊界曝光。在總公司大力贊助下，不只跟許多俱樂部、比賽機構合作，也跟推廣拳擊的名人一起站上擂台，最重要的是，Deep Fear Taiwan 也透過行動支持學生與弱勢團體，為公益盡一份心力。

一起來 0ZCP0001

BECOMING A BOXER
成為拳擊手

素人實戰之路，拳擊小潘的基礎11堂課

作　　者　潘柏丞（拳擊小潘）
主　　編　林子揚
外部編輯　張詠翔
編輯協力　張展瑜、鍾昀珊
攝　　影　湯姆
特別感謝　高凡（Deep Fear Taiwan）

總 編 輯　陳旭華
出版單位　一起來出版／遠足文化事業股份有限公司
發　　行　遠足文化事業股份有限公司（讀書共和國出版集團）
www.bookrep.com.tw
23141 新北市新店區民權路 108-2 號 9 樓
電話：02-22181417　傳真：02-86671851
法律顧問　華洋法律事務所 蘇文生律師

封面設計　木木 lin
排　　版　拾夢設計工作室
印　　製　通南彩色印刷有限公司
初版一刷　2025 年 5 月
定　　價　550 元
ＩＳＢＮ　978-626-7577-39-4（平裝）
978-626-7577-34-9（EPUB）
978-626-7577-35-6（PDF）

國家圖書館出版品預行編目 (CIP) 資料

成為拳擊手 / 潘柏丞 (拳擊小潘) 著 . -- 初版 . -- 新北市 : 一起來出版 , 遠足文化事業股份有限公司 , 2025.05
面； 公分
ISBN 978-626-7577-39-4(平裝)
1.CST: 拳擊

528.971　　114002594